LEARN SWED

ISBN: 978-1-987949-84-1

This book is published by Bermuda Word. It has been created with specialized software that produces a three line interlinear format.

Please contact us if you would like a pdf version of this book with different font, font size, or font colors and/or less words per page!

LEARN-TO-READ-FOREIGN-LANGUAGES.COM

Dear Reader and Language Learner!

You're reading the Kindle learner edition of our Bermuda Word pop-up e-books which we sell at learn-to-read-foreign-languages.com. Before you start reading Swedish, please read this explanation of our method.

Since we want you to read Swedish and to learn Swedish, our method consists primarily of word-for-word literal translations, but we add idiomatic English if this helps understanding the sentence.

For example:
För   ut kvinnor och barn!
Before out women   and children!
[Women and children first!]

The HypLern method entails that you re-read the text until you know the high frequency words just by reading, and then mark and learn the low frequency words in your reader or practice them with our brilliant App.

Don't forget to take a look at the e-book App with integrated learning software that we offer at learn-to-read-foreign-languages.com! For more info check the last two pages of this e-book!

Thanks for your patience and enjoy the story and learning Swedish!

Kees van den End

LEARN-TO-READ-FOREIGN-LANGUAGES.COM

3   Titel & Innehål

INNEHÅLL
CONTENTS

All stories by Hasse Zetterström.

4   Chapmans mormor

Chapmans mormor
Chapmans grandmother

Chapman	är	vår	tax.	Men	han	är	ingen	märkvärdig tax
Chapman	is	our	dachshund	But	he	is	no	noticeable dachshund (special dachshund)

utom	det	att	han	har	ett	spaderess	under	svansen,
except	that	that	he	has	a	ace of spades (spot)	under	the tail

men	det	har	ju	alla	äkta	taxar.	Det	är	så	att	säga
but	that	have	of course	all	real	dachshunds	That	is	so	to	speak

deras	adelsmärke.
their	sign of nobility

Men	han	är	en	fin	och	väluppfostrad	tax.	Och	han
But	he	is	a	fine	and	well educated	dachshund	And	he

är	också	en	god	jakthund,	men	vi	har	så	få	tillfällen
is	also	a	good	hunting dog	but	we	have	so	few	occasions

att	använda	honom	till	det.	Det	finns	så	få	vilda	djur
to	use	him	for	it	There	are found	so	few	wild	animals

i	den	stadsdel	där	vi	bor.	Men	på	landet	har	han
in	the	part of town	there (where)	we	live	But	on (in)	the country (side)	has	he

jagat	både	hare	och	räv	och	en	gång	ute	i
hunted	both	hare	and	fox	and	one	time	(far) out	in

skärgården	har	man	gått	med	honom	på	älg	och	det
the archipelago	has	one (they)	gone	with	him	on (for)	elk	and	that

gick	bra.
went	well

6 Chapman mormor

Ingen har egentligen fäst sig vid Chapman. Han hör
No one has actually attached himself to Chapman He belongs
(emotionally attached)

ju till familjen, men han är inte märkvärdigare än de
of course to the family but he is not more noticeable than the

andra, utom det där med spaderesset förstås.
others except that there with the ace of spades of course
(spot)

Men så en dag händer det något som gör Chapman
But so a day happens it something that does Chapman
(then) () (makes)

med ett slag till något alldeles särskilt märkvärdigt. Det
with one strike to something very special noticeable There
(in)

kommer en ung fru på besök och då hon får se
comes a young woman on visit and when she gets to see

Chapman säger hon:
Chapman says she

"Å, är det han! Tänk, jag kände hans mor."
Oh is that him (To) Think I knew his mother

Ingen av oss har tänkt på Chapmans mor. Vi ha
None of us has thought about Chapmans mother We have

inte ens vetat att han haft en mor.
not even known that he had a mother

7 Chapmans mormor

"Det var en mycket fin tax", säger den unga frun.
That was a very fine dachshund says the young (the) woman

"Hon var alldeles brun över hela kroppen. Hon tillhörde
She was all brown over the whole the body She belonged to
(body)

greve Lewenhaupt. Ni känner väl greve Lewenhaupts
count Lewenhaupt You know well count Lewenhaupts

taxar?"
dachshunds

Alla känner vi naturligtvis Lewenhaupts taxar. Det måste
All know we of course Lewenhaupts dachshunds That must

man ju göra. Och gör man det inte, bör man inte
one of course do And does one that not should one not

tala om det.
speak about it

"Och när jag tänker närmare efter", fortsätter den unga
And when I think closer after continues the young
(deeper) (about it)

frun, "så känner jag också Chapmans mormor. Hon var
the woman so know I also Chapmans grandmother She was
(woman)

en av de allra vackraste taxar jag sett. Hon var
one of the very most beautiful dachshunds I (have) seen She was

också alldeles brun över hela kroppen och hon tillhörde
also totally brown over the whole the body and she belonged to
(body)

Hennes Majestät Drottningen av Danmark."
her majesty the queen of Denmark

8 Chapmans mormor

"Men hon bet får så de var tvungna att skjuta
But she bit cattle so they were forced to to shoot

henne."
her

Det blev alldeles tyst och nu förstod vi vad som
It became totally quiet and now understand we what what
(that)

hade hänt oss. Vi har i vårt hus en varelse som
had happened (to) us We have in our house a being who

haft en mormor som varit vid hovet! Som gått i
had a grandmother who (has) been at the court Who went in

slottets salar och kanske fått socker av riktiga prinsar
the palace halls and perhaps got (lumps of) sugar from real princes
(palace)

och prinsessor, kanske av konungar och kejsare! Och
and princesses perhaps of kings and emperors And

ättlingen till denna höga varelse går här omkring oss
the descendant to this high being goes here about us

som en helt vanlig tax, visserligen med ett spaderess
as an entirely common dachshund admittedly with a ace of spades
(spot)

där det skall sitta men ändå, och denna varelse får
where it should sit but nevertheless and this being gets

äta ur en bleckskål i ett kök och ligga i en korg i
to eat from a tin bowl in the kitchen and lies in a basket in

en tambur och ha till täcke en gammal uttjänt
a vestibule and has as blanket an old served off

aftonkappa!
evening coat

9   Chapmans mormor

Då den unga frun gått, går vi allesammans ut och
When the young the woman (is) gone go we alltogether out and
(woman)

tittar på Chapman där han ligger i korgen. Ingen
look at Chapman there he lies in the basket No

förändring. Han är fortfarande lika enkel och vänlig i
change He is still equally simple and kind in

sitt sätt. Rör litet på svansen och ser på oss med
his sort Moves (a) little by the tail and looks at us with
(Wags) (with)

sin vanliga litet trötta världsmannablick. Jag lägger på
his usual (a) little tired man of the world look I put on

honom aftonkappan och vi drar oss diskret tillbaka.
him the evening coat and we draw us discreetly back
(off)

Men Anna-Clara, som nu är åtta år, kan inte glömma
But Anna-Clara who now is eight year can not forget
(years)

detta med Chapman. Då och då smyger hon till
this with Chapman Then and then creeps she to
(Now)

honom och ser på honom och klappar honom på
him and looks at him and pats him on

huvudet. Inte som förr, så där i förbigående, utan mer
the head Not as before so there in passing by but more

vördnadsfullt och underdånigt.
revering and servile

10 Chapmans mormor

På	middagen	tar	hon	honom	i	koppel	och	går	ut
At	the noon (noon)	takes	she	him	in (on)	(a) leash	and	goes	out

med	honom	runt	kvarteret.	Och	då	hon	kommer	utanför
with	him	around	the block	And	when	she	comes	outside

hyrkuskverket,	träffar	hon	alla	barnen	från	huset	bredvid
the hired coachman agency	meets	she	all	the children	from	the house	beside (beside it)

och	hon	berättar	för	dem	om	Chapmans	underbara
and	she	tells	to	them	about	Chapman's	wonderful

mormor.	De	står	i	en	vid	ring	och	hör	på	med
grandmother	They	stand	in	a	wide	ring	and	hear	on	with

öppna	munnar.	Och	då	Anna-Clara	går,	följer	de	henne
open	mouths	And	when	Anna-Clara	goes	follow	they	her

med	stora,	beundrande	blickar.	På	kvällen,	då
with	big	admiring	looks	On (In)	the evening	when

Anna-Clara	gått	och	lagt	sig,	ligger	hon	stilla	och
Anna-Clara	(has) gone	and	laid	herself	lies	she	quietly	and

tänker	som	barn	brukar	innan	de	somnar.	Så	säger
thinks	as	children	are used to do	before	they	fall asleep	So	says

hon:
she

"Min	mormor	är	inte	så	fin	som	Chapmans	mormor,
My	grandmother	is	not	so	fine	as	Chapman's	grandmother

för	hon	har	inte	varit	hos	Hennes	Majestät	Drottningen
for	she	has	not	been	with	her	Majesty	the queen

av	Danmark."
of	Denmark

11 Chapmans mormor

"Nej", säger jag, "hon är inte så fin."
No say I she is not so fine

Det blir tyst och så fortsätter Anna-Clara:
It becomes quiet and then continues Anna-Clara

"Men min mormor har aldrig bitit några får."
But my grandmother has never bitten any cattle

"Nej", säger jag, "det har hon aldrig, efter vad jag
No say I that has she never after what I
(for)
vet, men så behöver vi heller inte skjuta henne och
know but so need we neither not shoot her and

det är ju en god sak."
that is of course a good thing

Anna-Clara tänker en stund och så fortsätter hon:
Anna-Clara thinks a while and so · continues she

"Det tror jag heller inte att någon skulle våga!"
That believe I neither not that somebody would dare

12 Chapmans mormor

Då	säger	jag	god	natt	och	sov	nu,	ty	det	är	inte
Then	say	I	good	night	and	sleep	now	there	it	is	not

bra	för	ett	litet	barn	att	ligga	och	tänka	och	prata
good	for	a	small	child	to	lie	and	think	and	speak

för	mycket	i	sängen	om	kvällarna.
for	long	in	the bed (bed)	about (in)	the evenings

13   Chapmans mormor

14 Lövgrodan

Lövgrodan
The leaf frog

Han	satt	på	sin	vanliga	bänk	i	skogen,	då	jag	kom.
He	sat	on	his	usual	bench	in	the forest	when	I	come

Det	var	tidigt	på	morgonen.	Naturen	var	så	ung	och
That	was	early	in	the morning	The nature	was	so	young	and

frisk	som	den	endast	kan	vara	på	våren.
fresh	as	that	only	can	be	in	the spring

Han	satt	i	solen	och	höll	sina	gamla,	smått	frusna
He	sat	in	the sun	and	held	his	old	slightly	frozen

händer	på	käppkryckan.	Vinterrocken	hade	han	ännu
hands	on	the cane handle	The wintercoat	had	he	still

inte	lagt	av	trots	att	vi	närmade	oss	juni.	Men	de
not	laid	off	despite	that	we	neared	us	June	But	the

tjocka	blå	muddarna	var	borta.
thick	blue	the loose cuffs (loose cuffs)	were	off

Jag	såg	honom	på	avstånd,	där	jag	kom	på	vägen
I	saw	him	in	(the) distance	where	I	come	on	the road

och	jag	tänkte:
and	I	thought

16 Lövgrodan

En lycklig gammal herre. Så lycklig en gammal herre
A happy old gentleman So happy an old gentleman

kan bli. Gammal militär, pensionerad. Ungdomssynderna
can become Old military pensioner Youth's sins

bakom sig, festerna på Hasselbacken och även all
behind himself the parties on the Hasel Hill and even all

exercisen på Gärdet. Det glada livet på värdshusen var
exercises on the exercise field The fun the life in the hostel was
(life)

också slut.
also finished

Frukostarna på gamla Björngården däruppe på söder -
The breakfasts in old Björngården up there on (the) south
(in)

granris på golvet - de vackra flickorna - alla
spruce twigs on the floor the beautiful the girls all
(girls)

kamraterna - unga löjtnanter allesammans. Herregud, den
the friends young lieutenants all together Good lord that

tiden! Nu går han om morgnarna i skogen. Tidigare
(was) the time Now goes he in the mornings into the forest Earlier

och trognare än alla andra.
and more faithful than all others

17 Lövgrodan

Ser efter att allt är i ordning, som det skall vara,
To see after that all is in order as it should be
(to it)

pratar med gamla Lund, som städar och håller snyggt
to speak with old Lund who cleans up and keeps neat

i parken efter alla söndagsgästerna. Och så har han
in the park after all the Sunday guests And so has he

ekarna, de gamla hundraåriga ekarna, som trotsat alla
the oaks the old hundred year old the oaks that defied all
(oaks)

årens hårda stormar, men som en gång ska falla, då
the years' hard storms but that one time shall fall there

staden växt och kommit hit ut. När den tiden kommer,
the town grows and comes here out When the (the) time comes

vill han dö. Så är det kråkorna, som följer honom
will he die So are it the crows that follow him

mellan källan och järnvägen och som han matar med
between the spring and the railway and that he feeds with

bröd och kakbitar ur en liten påse. Han är djurvän.
bread and cookies from a small bag He is animal friend

Hans tax Lisa ligger begraven härute under en gammal
His dachshund Lisa lies buried here out under an old

gran.
spruce

18 Lövgrodan

Ingen känner platsen mer än han och Lund -- det är
No one knows the place more than he and Lund that it is

förbjudet med gravkullar i parken. Då och då lägger
prohibited with grave-mounds in the park Then and then puts
(now)

han en blomma på graven till minne av den bästa
he a flower on the grave to the memory of the best

och trognaste vännen.
and most faithful the friend
(friend)

Denna morgon är han tyst och sluten och jag ser
This morning is he quiet and closed and I see

att det hänt något. I gräset ligger en hårnål. Han tar
that there (has) happenedsomething In the grass lies a hairpin He takes

upp den, lägger den i fickan och säger:
up it puts it in the pocket and says

"Kvinnorna borde ha hårnålar, som inte föll ur. Här
The women should have hairpins that not fall out Here

ligger tusentals av dem på vägarna och i gräset."
lie thousands of them on the roads and in the grass

19 Lövgrodan

"Sen slås gräset, och så kommer en sån där nål
Later is mown the grass and so comes a such there pin

kanske i magen på ett djur som äter gräset. Det är
perhaps in the stomach of an animal that eats the grass That is

inte bra med en hårnål i magen."
not good with a hairpin in the stomach

Han blir tyst och så fortsätter han:
He becomes quiet and then continues he

"Djuren har det alltid svårt. Jag var så ledsen hela
The animals have it always difficult I was so sorry (the) whole

dagen i går för ett djur. Det var bara en liten
the day yesterday for an animal That was just a small

lövgroda, en sådan där liten groda, som inte är större
leaf frog a such there small frog that not is bigger

än en nagel. Det var i går morse och jag kom över
than a nail It was yesterday morning and I come over

järnvägsbron därborta. Den är byggd av sten, men
the railway bridge over there It is build of stone but

mellan stenarna är det små hål."
between the stones are there small holes

20 Lövgrodan

"Jag har försökt att fylla de där små hålen med
I have tried to fill them there small holes with

sand, men den rinner bort, när det regnar. I går kom
sand but that runs away when it rains Yesterday come

jag där, och då såg jag två små lövgrodor, som
I there and then saw I two small leaf frogs that

hoppade på bron. De skulle tvärs över den, och jag
jumped on the bridge They wanted cross over it and I

stannade för att inte trampa på dem. Men den ena
stayed for to not step on them But the one

blev skrämd, då hon hörde mig komma, och hon
became intimidated when she heard me come and she

hoppade rakt ned i ett hål mellan stenarna. Jag
jumped straight down in a hole between the stones I

tittade ned i hålet, och jag såg henne därnere, men
looked down in the hole and I saw her down there but

jag kunde inte hjälpa henne upp, och hon kunde själv
I could not help her up and she could alone

inte komma upp för de flata väggarna. Jag stack ned
not come up for the flat the walls I stuck down
(because of) (straight) (walls)

min käpp, men hon fick ingen hjälp av den."
my stick but she did no help of it
(got)

21 Lövgrodan

"Jag försökte också med grässtrån, men det gick inte
I tried also with blades of grass but that went not

heller. Hon var där i hålet och måste vara där, tills
either She was there in the hole and must be there until
                                              (stay)

hon dog av svält. Jag kunde inte göra något för
she dies of starvation I could not do anything for

henne. Hela min vackra morgon var förstörd för den
her All my beautiful morning was disturbed for that

där lilla lövgrodans skull. Till slut måste jag gå hem,
there small the leaf frogs sake At (the) end must I go home
              (leaf frogs)

och jag var mycket ledsen och hela dagen tänkte jag
and I was very sad and (the) whole the day thought I
                                              (day)

bara på grodan. Hon satt där i hålet och kunde inte
only on the frog She sat there in the hole and could not
      (of) (frog)

komma upp."
come up

Min hustru märkte, att det var något som fattades
My wife noticed that there was something that had taken hold of

mig, och vid middagen berättade jag för henne
me and at the dinner told I for her
                                          (to)

alltsammans.
the whole thing

Hon blev också mycket ledsen, ty hon är så god
She became also very sorry there she is so good
(because)

mot djur. Vi satt hela kvällen och bekymrade oss för
against animal We sat (the) whole (the) evening and worried ourselves for
(for) (animals)

lövgrodan. Men då jag gått och lagt mig, kom min
the leaf frog But then I went and placed me comes my

hustru in till mig och sade:
wife in to me and said

"Vi ska inte oroa oss längre för lövgrodan. Är det
We shall not worry us longer for the leaf frog Is it

Guds (ursprungliga text: försynens) mening, att hon skall
Gods original text the providence's meaning that she will
(intention)

vara där, så - skall- hon vara där. Vi kan ingenting
be there so shall she be there We can nothing
(stay) (stay)

göra åt den saken."
do for that the case
(case)

Och naturligtvis är det så. Jag kan - absolut- inte
And of course is that so I can absolutely not

göra något.
do anything

23 Lövgrodan

Vi satt tysta och så sade jag:
We sat in silence and then said I

"Ska vi inte gå bort och titta, om hon är kvar?"
Shall we not go off and look if she is left

Han reste sig och svarade:
He rose himself and replied

"Nej, nej, på inga villkor - jag vill inte det - det
No no on no condition I will not that the

vore ju att tvivla på Gud (*ursprungliga text: försynen*)!
is of course that doubts on God *original* text *the providence (fate)*

Och det gör jag inte."
And that do I not

Klockan var åtta och det ringde till morgonbön i
The clock was eight and it rang for morning prayer in
(hour)

stadens alla kyrkklockor, de stora och de små, alla på
the town's all church bells the big and the small all at

en gång.
a time

24   Lövgrodan

Ett   järnvägståg   brusade   fram   bakom   oss   rakt   under
A   train   roared   ahead   behind   us   right   under

bron,   där   den   lilla   lövgrodan   satt   -   antagligen.
the bridge   where   the   small   the leaf frog   sat   probably
(leaf frog)

25 Lövgrodan

26 Kidney and bacon

Kidney and bacon
Kidney   and   bacon

Det   var   en   vacker   dag.   Våren   hade   nyss   kommit.
It   was   a   beautiful   day   The spring   had   just   come

Människorna   kände   sig   lättare   och   bättre   där   de
The people   felt   themselves   easier   and   better   there   they
(while)

strömmade   fram   i   solskenet   på   den   breda   trottoaren.
streamed   forward   in   the sunshine   on   the   broad   the pavement
(pavement)

Klockan   var   ett,   det   var   min   lunchtid   och   jag   gick   in
The clock   was   one   it   was   my   lunchtime   and   I   went   in
(had struck)

på   den   stora   restaurangen   i   hörnet   vid   torget.   Det
at   the   big   the restaurant   in   the corner   at   the square   That
(restaurant)   (There)

hade   gått   rätt   lång   tid   sedan   jag   sist   var   här,   men
had   gone   right   long   time   since   I   last   was   here   but
(rather)

allting   var   sig   likt.   Den   stora,   ljusa   matsalen   var
everything   was   itself   equal   The   big   light   the dining room   was
(the same)   (dining room)

fullsatt   med   unga   herrar   med   frisk   aptit,   solen   låg   in
packed   with   young   gentlemen   with   fresh   appetite   the sun   laid   in
(beamed)

genom   de   stora   fönstren,   lyste   mot   det   vita   bordslinnet
through   the   big   the windows   shone   against   the   white   table linen
(windows)

och   bröts   mot   glasen   och   bordssilvret.
and   was broken   against   the plates   and   the table silver
(reflected)   (in)

Jag fick ett ensamt litet bord och en ung flicka
I got a lone small table and a young girl

räckte mig en matsedel.
reached me a foodlist
(handed over) (menu)

Där fanns många rätter, jag gled igenom dem alla
There existed many courses I slid through them all

och så stannade jag vid *Kidney and bacon.* Å, tänkte
and so stayed I at *Kidney and bacon* Oh thought
(rested)

jag, det är njure med fläsk, det kan vara mycket
I that is kidney with pork that can be very

bra. Just nu vill jag ha det!
good Just now want I have that

Jag beställde *Kidney and bacon.*
I ordered *Kidney and bacon*

Den unga uppasserskan försvann och om en stund
The young the waitress disappeared and about a while
(waitress)

kom hon tillbaka med min mat. Den låg mycket nätt
came she back with my food It lay very neatly

och vackert serverad i en silverkarott och var köttbullar
and beautifully served in a silver dish and was meatballs

med potatis.
with potato

29 Kidney and bacon

Jag såg på den unga flickan. Hennes ansikte sade
I looked at the young the girl (girl) Her face told

mig ingenting. Hon ställde karotten på bordet och
me nothing She set the dish on the table and

försvann.
disappeared

Jag tänkte: hon har missuppfattat min beställning. Någon
I thought she has misunderstood my order Someone

annan har fått *Kidney and bacon* och jag har fått
else has gotten (received) *Kidney* *and* *bacon* and I have gotten

köttbullar. Men så är det ju ofta i livet. När får vi
meatballs But so is it of course often in the life (life) When get we

det vi önskar? Och hur ofta händer det icke att just
what we desire And how often happens it not that just

det vi önska skänker oss besvikelse när vi få det.
that (which) we desire gives us disappointment when we get it

Makterna leder våra öden.
The powers lead (define) our the destiny (destiny)

Det var bestämt att jag just denna dag skulle äta
It was predestined that I just this day would eat

köttbullar och jag gjorde det.
meatballs and I did (just) that

30 Kidney and bacon

De var för resten utmärkta. Då jag ätit, knackade jag
They were for the rest excellent When I (had) eaten snapped I
(the fingers)

för att få betala och då flickan kom sade jag:
for to may pay and when the girl came said I

"Det var utmärkta köttbullar. Är de alltid så bra?"
That were excellent meatballs Are they always so good

Hennes ansikte lystes upp helt svagt, tiderna ger icke
Her face lighted up very weak the times give no

anledning till alltför stora glädjeyttringar, och hon
reason for all too great expressions of happiness and she

svarade:
replied

"Vi är kända för att ha utmärkta köttbullar."
we are well-known for to have excellent meatballs

Så betalade jag och gick.
So paid I and went

31 Kidney and bacon

Dagen	därpå	var	också	en	dag.	Våren	levde	ännu
The day	thereupon	was	also	a	day	The spring	lived	still
	(next)							

och	solen	lyste	som	i går.		Det	blev	åter	lunchdags
and	the sun	shone	as	yesterday		It	became	once more	lunchtime

och	åter	ledde	min	väg	till	den	stora	restaurangen	i
and	once more	led	my	way	to	the	big	the restaurant	in
								(restaurant)	

hörnet	vid	torget.	Jag	gick	in	och	fick	samma	bord
the corner	at	the square	I	went	in	and	got	(the) same	table

som	dagen	förut.
as	the day	before

Flickan	från	i går	kom	strax	till	mig	och	räckte	mig
The girl	from	yesterday	came	immediately to		me	and	reached	me
								(handed over)	

matsedeln.
the foodlist
(the menu)

Där	stod	många	goda	rätter	och	där	stod	som	i går
There	stood	many	good	courses	and	there	stood	(just) as	yesterday

Kidney	*and*	*bacon.*	Jag	tänkte:	det	är	en	stående	rätt
Kidney	*and*	*bacon*	I	thought	that	is	a	standing	course

på	denna	restaurang,	det	är	ställets	specialitet.
on	this	restaurant	it	is	the place's	specialty
(in)						

32 Kidney and bacon

I	går	fick	jag	den	ej.	Ödet	ville	köttbullar,	låt	oss	se
Yesterday	got	I	it		not	The fate (Fate)	wanted	meatballs	let	us	see

hur	det	går	i dag!
how	it	goes	today

Och	så	beställde	jag	*Kidney*	*and*	*bacon.*
And	so	ordered	I	*Kidney*	*and*	*bacon*

Det	gick	en	stund.
That	went (lasted)	a	while

Runtom	mig	sorlade	publiken	och	ute	på	gatan	hörde
Around	me	chattered	the audience	and	out	on	the street	heard

jag	kolportörerna	ropa	ut	tidningarnas	stora	nyheter.
I	peddler	calls	out	the papers'	big	news

Spårvagnarna	rullade.
The trams	rolled

Och	över	alltsammans	lyste	vårens	vackra	sol.
And	over	everything together	shone	the spring's	beautiful	sun

33 Kidney and bacon

Uppasserskan kom med min rätt. Den låg, som i går,
The waitress came with my course It laid as yesterday

i en vacker karott av silver och det var köttbullar
in a beautiful dish of silver and it was meatballs

med potatis, som i går. Hon ställde karotten på bordet
with potatoes as yesterday She set the dish on the table

och försvann.
and disappeared

Och jag tänkte: Visserligen ligger vi helt och hållet i
And I thought Surely lie we the whole and the part in
[totally]

händerna på makterna. De kan husera med oss hur
the hands on the powers They can bugger about with us how
(of)

de vill. Men det bör finnas en gräns. Vi bör själva
they want But there should be found a limit We should self
(be)

ha något att säga. Det duger inte att tänka: Försynen
have something to say It is suitable not to think The Providence
(better)

är sysslolös -- låt den få arbeta! Sådant kan
is inactive let it do work Such can

misslyckas. Men i dag driver makterna med mig.
fail But today jest the powers with me

34   Kidney and bacon

Det	kan	inte	tillåtas.	Jag	är	en	fri	man.	Jag	vill
That	can	not	be permitted	I	am	a	free	man	I	want to

bestämma	själv	över	min	lunch.	En	hovmästare	gick
decide	myself	over	my	lunch	A	maître d'hôtel	went

förbi.	Jag	knackade	och	han	kom,	artigt	bugande.
past	I	snapped (my fingers)	and	he	came	courteously	bowing

"Förlåt",	sade	jag,	" Kidney	and	bacon	är	det	icke
Forgive (me)	said	I	Kidney	and	bacon	is	that	no

längre	njure	och	fläsk?"
longer	kidney	and	pork

"Jo,	naturligtvis,"	sade	hovmästaren.
Yes	of course	said	the maître d'hôtel

"Det	kan	aldrig	vara	köttbullar?"
That	can	never	be	meatballs

"Nej,	inte	här.	Vi	har	Kidney	and	bacon.	"
No	not	here	We	have	Kidney	and	bacon	

35 Kidney and bacon

"Då har här skett ett misstag," sade jag. "Jag har
Then has here come about a mistake said I I have

beställt *Kidney and bacon* och jag har fått köttbullar.
ordered *Kidney and bacon* and I have gotten meatballs

Köttbullar är också mycket bra, framför allt på denna
Meatballs are also very good before all on this
(in)

restaurang, men jag har icke beställt dem."
restaurant but I have not ordered them

Hovmästarens ansikte blev mycket allvarligt. Han såg på
The maître d'hôtel's face became very serious He looked at

min karott som var av silver, tog den och försvann.
my dish that was of silver took it and disappeared

På vägen mötte han den unga uppasserskan och jag
On the way met he the young the waitress and I
(waitress)

såg att han talade med henne. Jag förstod att han
saw that he spoke with her I understood that he

grälade och jag ångrade genast vad jag gjort.
argued and I was sorry for directly what I did
(had done)

Jag — I
tänkte: — thought
Nu — Now
är — is
konflikten — the conflict
färdig. — complete
Du — You
har — have
tryckt — pressed
på — on

knappen. — the button
Händelserna — The events
rullar — roll
upp — up (out)
sig — itself
och — and
makterna — the powers

förbereder — prepare
sin — their
hämnd. — revenge
Om — In
en — a
stund — while
kom — comes
den — the
unga — young

uppasserskan. — waitress
Hon — She
var — was
mycket — very
allvarlig. — serious
Jag — I
såg — saw
att — that

hon — she
hatade — hated
mig. — me
På — On
bordet, — the table
framför — before
mig, — me
satte — set
hon — she
ett — a

fat, — plate
även — also
det — that
av — of
silver, — silver
och — and
på — on
det — it
låg — laid
Kidney — *Kidney*
and — *and*

bacon. — *bacon*

Det — There
gick — went (passed)
ett — a
år. — year
Livet — The life (Life)
gav — gave
och — and
tog. — took
Riken — Countries
störtades — collapsed

och — and
troner — thrones
föll. — fell
Det — It
var — was
åter — once more
vår. — spring
Solen — The sun
sken — shone
som — as

förr — before
på — on
strömmen — the flow
av — of
människor — people
som — that
gled — glided
fram — forth
på — on

den — the
breda — broad
gatan. — the street (street)

37   Kidney and bacon

Och åter var det lunchdags.   Och åter stod jag utanför
and once more was it lunchtime   And once more stood I outside

den stora restaurangen vid torget.
the big the restaurant at the square
       (restaurant)

Jag gick in och jag fick mitt samma bord som förra
I went in and I got my same table as last

våren.   Jag satt mitt bland de unga ätande herrarna
the spring I sat amid among the young eating the gentlemen
(spring)   (in the middle)   (gentlemen)

och flickan från i fjol stod åter vid mitt bord.   Hon
and the girl from last year stood once more at my table She

räckte mig matsedeln och jag såg på hennes blick att
reached me the menu and I saw by her glance that
(handed over)

hon kände igen mig.
she knew again me
     (recognized)

Det är mannen som skall ha *Kidney and bacon,*
That is the man who will have *Kidney and bacon*

tänkte hon, *Kidney and bacon,* *Kidney and bacon,* det
thought she *Kidney and bacon,* *Kidney and bacon* that

måste jag komma ihåg!
must I come to mind
     (remember)

Där	fanns	många	rätter	på	matsedeln	och	där	fanns
There	were found	many	courses	on	the menu	and	there	were found

köttbullar	med	potatis.	Jag	beställde	köttbullar.
meatballs	with	potatoes	I	ordered	meatballs

Flickan	såg	på	mig	ett	ögonblick.	I	hennes	ögon	låg
The girl	looked	at	me	a	while	In	her	eyes	laid

undran	och	tvivel.	Så	gick	hon.
wonder	and	doubt	Then	went	she

Och	om	en	stund	var	hon	tillbaka	med	ett	fat	av
And	after	a	while	was	she	back	with	a	plate	of

silver	och	på	det	fatet	låg	Kidney	and	bacon	.
silver	and	on	that	the plate (plate)	laid	Kidney	and	bacon	

Därute	på	torget	rullade	spårvagnarna,	skrek	kolportörerna
Out there	on	the square	rolled	the trams	yelled	the peddlars

och	lyste	vårsolen.
and	shone	the spring sun

39 Kidney and bacon

Jag	åt	min	njure	och	mitt	fläsk	och	då	jag	betalade,
I	ate	my	kidney	and	my	pork	and	when	I	paid

sade	jag	till	den	unga	uppasserskan:
said	I	to	the	young	the waitress (waitress)

"I	dag	var	köttbullarna	alldeles	utmärkta.	Är	de	alltid
Today		were	the meatballs	totally	excellent	Are	they	always

så	bra?"
so	good

"Ja",	svarade	hon,	"vi	är	kända	för	våra	utmärkta
Yes	replied	she	we	are	well-known	for	our	excellent

köttbullar.	Det	är	vår	specialitet."
meatballs	That	is	our	specialty

Men	jag	tänkte:	hur	litet	förmår	vi	här	i	världen.	Hur
But	I	thought	how	little	are able to do	we	here	in	the world	How

små	och	svaga	är	vi	icke.
small	and	weak	are	we	not

40 Kidney and bacon

Och när ska vi äntligen lära oss förstå att när
And when shall we at last learn ourselves understand that when

makterna önskar att vi ska äta köttbullar, så ska vi
the powers desire that we shall eat meatballs so shall we

icke beställa *Kidney and bacon* eller tvärtom. Hur
not order *Kidney* *and* *bacon* or the other way around How

outrannsaklig är icke Försynen!
inexplicable is not the Providence
(Fate)

41 Kidney and bacon

Bromsen
The gadfly

Skådespelaren,	den	bekante	komikern,	har	kommit	till
The actor	the	famous	the comedian (comedian)	has	come	to

stan	och	sitter	på	Grands	veranda	och	berättar
the town	and	sits	on	Grand his	veranda	and	tells

historien	om	bromsen.
the story	about	the gadfly

Det	är	hans	sommarhistoria	för	i	år	och	han	lägger
That	is	his	summer story	for		the year	and	he	lays

ned	mycket	möda	för	att	få	den	så	bra	som	möjligt.
down	a lot of	toil (trouble)	for	to	make	it	as	good	as	possible

Han	berättar	livligt	och	medryckande,	med	korta	snabba
He	tells	lively	and	interesting	with	short	quick

gester	och	en	talande	mimik.
gestures	and	a	speaking (expressive)	mimic

44 Bromsen

Då bromsen gör sin entré i berättelsen, härmar han
When the gadfly does its entry (makes) in the story imitates he

djurets surrande läte... sssss... och då dramat blir som
the animal's buzzing sound sssss and when the drama becomes the

mest spännande, står han upp på golvet och visar
most excited stands he up on the floor and shows

med energiska rörelser och gester det olyckliga offrets
with energetic movements and gestures the unfortunate the victim's (victim's)

hjältemodiga kamp. Vid berättelsens huvudpunkt, då
heroic struggle At the story's head point when (high point)

spänningen är som starkast stelnar han plötsligt till,
the suspense is as strongest stiffens he suddenly to (at the) ()

står rak med stirrande ögon och faller sedan ihop på
stands straight with staring eyes and falls then together on

en stol. Effekten är storartad.
a chair The effect is magnificent

Berättelsen lyder så här:
The story goes as here (follows)

45 Bromsen

Jag har bott i skärgården i sommar på en ö mitt i
I have resided in the archipelago in summer on an island middle in (in the middle)

havet. Jag bodde på ett pensionat och där hände
the sea (of the sea) I lived in a boarding house and there happened

detta med bromsen. Vi var rätt många gäster i huset,
this with the gadfly We were right many guests in the house

allesammans mycket hyggliga människor. Sommaren har ju
alltogether a lot of respectable people The summer has of course

varit så vacker i år, dock litet torr, men det är nu
been so beautiful this year although a bit dry but that is now

böndernas sak. En sådan torr sommar blir bromsarna
the farmers' thing A such dry summer become the gadflies

stora, tunga och feta men dock fullt arbetsföra. På
big heavy and plump but however full fit for work In

pensionatet bodde en äldre dam. Jag älskade henne
the boarding house lived an older lady I loved her

icke, ty hon förargade mig genom sin blotta närvaro.
not there she annoyed me through her bare presence

Det finns sådana människor.
There exist such people

Jag hyste en djup motvilja mot denna dam och denna
I accommodated deep aversion against this lady and this

motvilja växte till hat då hon en middag, sannolikt
aversion grew to hatred when she a dinner probably

med avsikt, tappade en anjovis i hummersås på mina
with intention dropped a anchovy in lobstersauce on my

vita flanellbyxor. Jag låg vaken den natten och tänkte
white flannel trousers I laid awake that the night (night) and thought

på hämnd, som varje verklig man gör, som får en
about revenge that every real man does that gets an

anjovis på sina vita flanellbyxor.
anchovy on his white flannel trousers

På morgonen gick jag ut i stallet. Där stod många
In the morning went I out in the stable There stood many

tama djur, som viftade sina svansar och stampade i
tame animals that swayed their tails and stamped in

sina spiltor. En dräng gick omkring med en spade
their stables A farmhand went about with a shovel

och skovlade föda åt de goda djuren.
and shoveled food to the good djuren (animals)

47 Bromsen

Han	var	en	man	med	ett	allvarligt	utseende.	Då	han
He	was	a	man	with	a	serious	appearance	When	he

såg	mig	komma,	hälsade	han	vänligt	god	morgon	och
saw	me	come	greeted	he	friendly	good	morning	and

jag	sade:
I	said

"Hur	står	det	till	med	Karlsson	i dag?	Jag	hade
How	stands	it	to ()	with	Karlsson	today	I	had

nämligen	hört,	att	han	varit	i	staden	några	dagar
namely	heard	that	he	(had) been	in	the town	some	days

förut."
ago

Drängen	svarade:	"Tack,	gott!"	och	jag	tillade
The farmhand	replied	Thanks	good	and	I	added

omedelbart,	"Kan	Karlsson	skaffa	mig	en	broms?"
immediately	Can	Karlsson	get	me	a	gadfly

"Skall	han	vara	levande?"	sade	Karlsson.
Should	he	be	alive	said	Karlsson

48 Bromsen

"Ja", sade jag, "och han skall ligga i en tom
Yes said I and he will lie in an empty

tändsticksask."
matchbox

"Titta in i kväll" , sade Karlsson. Och fortsatte sitt
Look in in (the) evening said Karlsson And continued his
(Come) (by)

arbete med den stora skoveln.
work with the big the shovel
(shovel)

På kvällen tittade jag in till Karlsson. Det var en
In the evening looked I in to Karlsson It was a

vacker, stilla juliafton, sjön låg nästan blank och
beautiful calm July evening the sea laid almost smooth and
(stretched out)

ekorrarna hoppade muntert från gren till gren och så
the squirrels jumped cheerfully from branch to branch and so

vidare.
further

"Har Karlsson bromsen?" sade jag.
Has Karlsson the gadfly said I

49 Bromsen

"Har så", sade Karlsson. "Har så i lådan som det
Have so said Karlsson Has so in the carton as that

skulle vara."
should be

"Är han stor och stark?"
Is he big and strong

"Det är den bästa och största broms jag sett sedan
That is the best and biggest gadfly I (have) seen since

1892, men den sommarn var också varmare än den
1892 but that (the) summer was also hotter than this

här. Den bromsen, som jag såg 1892, slog sig en
here The the gadfly that I saw 1892 struck itself one
(gadfly)

gång ned på en häst så att han, hästen, blev
time down on a horse so that he the horse became

svankryggig. Den här bromsen har jag följt med ända
hollow-backed That here the gadfly have I followed with right to
(gadfly)

sedan i våras. Han är liksom en bekant till mig och
since in spring He is like a familiar to me and

jag skiljes icke gärna ifrån honom."
I part not gladly from him

50 Bromsen

"Hur mycket kostar han", sade jag.
How much costs he said I

"Eftersom det ännu icke är något maximipris på
Since there still not is any maximum price on

bromsar, så säjer vi väl en och femti", sade Karlsson
gadflies so say we well one and fifty said Karlsson

och räckte mig en tändstickslåda.
and reached me a matchbox
(handed over)

"Är han bunden", sade jag.
Is he bound said I

"Nej, det är han inte, men jag andades på honom i
No that is he not but I breathed on him in

morse, så han är nog liksom lite bedövad."
(the) morning so he is still because of that (a) little numbed

Jag tog lådan, betalade Karlsson, som stod länge i
I took the carton paid Karlsson that stood long in

stalldörren och såg efter mig, då jag gick.
the stable door and saw after me when I went

51 Bromsen

Det	var	som	om	han	haft	svårt	att	skiljas	från
It	was	as	if	he	had	difficulty	to	part	from

bromsen.	Jag	gick	upp	på	mitt	rum.	Fönstret	stod
the gadfly	I	went	up	in	my	room	The window	stood

öppet,	men	icke	en	fläkt	rörde	sig.	Luften	var	ljum
open	but	not	a	breeze	moved	itself	The air	was	inert

och	stilla.	Jag	tog	upp	tändstickslådan,	stack	några
and	still	I	took	up	the matchbox	stuck (pricked)	some

små	hål	på	dess	övre	sida,	för	att	djuret	skulle
small	holes	on	its	upper	side	for	that	the animal	should

kunna	andas,	och	därpå	gick	jag	till	sängs.	Dagen
can (be able to)	breathe	and	thereupon	went	I	to	bed	The day

därpå	var	en	vacker	och	solvarm	dag.	Termometern
next	was	a	beautiful	and	warmed by the sun	day	The thermometer

visade	över	30	grader	och	alla	pensionatets	gäster	gick
showed	upper	30	degrees	and	all	the boarding house's	guests	went

strax	efter	frukosten	för	att	bada.	Jag	var	ensam,
immediately	after	the breakfast	for	to	swim	I	was	alone

ensam	med	bromsen.	Jag	tog	fram	lådan,	som	jag
alone	with	the gadfly	I	took	forward	the carton	that	I

satt	under	en	byrå,	och	öppnade	den	helt	försiktigt.
put	under	a	desk	and	opened	it	very	carefully

Bromsen levde och surrade.
The gadfly lived and hummed

"Ssss... sss... tssss... tssss."
Ssss sss tssss tssss

Så kom middagen, och de timmar som nu följde skall
Then comes the dinner and the hours as now followed shall

jag aldrig glömma. Där satt vid småborden alla de
I never forget There sat at the small tables all the

celebra personligheterna. Där var den förnäma
famous personalities There was the dignified

konsulinnan och hennes två döttrar. Där var revisorn
consul and her two daughters There was the auditor

med sin fru och unge son, som flirtade med fröken
with his wife and young son who flirted with miss

Nilsson, som såg ut som en manikurist om naglarna,
Nilsson who saw out as a manicurist about the nails
(looked) (of) (nails)

och där var också min dam, hon med anjovisen. Hon
and there was also my lady she with the anchovy She

gick tvärs över golvet för att hämta en tallrik.
went right across over the floor for to retrieve a dish

Jag hade väntat på detta ögonblick.   Jag stod bredvid
I   had   waited   for   this   moment   I   stood   beside

henne,   tappade   min   servett,   böjde   mig   ned,   tog
her   dropped   my   table napkin   bent   myself   down   took

servetten   och   släppte   samtidigt   ut   bromsen   innanför
the table napkin   and   released   at the same time   out   the gadfly   into
( )

kvinnans   kjolkant.   Det   hela   gick   lika   fort,   som   en
the woman's   skirt edge   That   whole   went   equally   fast   as   an
(whole thing)   (as)

motor   tänder   om   den   är   bra.   Så   dröjde   det   ett
engine   lights   if   it   is   good   Then   dwelt   that   a
(took)

ögonblick   och   så   skar   ett   fasans   skri
while   and   so   cut   a   pheasant's   cry
(then)

genom   luften.   Den   gamla   damen   stod   med   armarna
through   the air   The   old   the lady   stood   with   the arms
(lady)

rätt   upp   i   vädret,   bromsen   surrade... sssssss...   en   allmän
right   up   in   the air   the gadfly   hummed   sssssss   a   general

panik   bröt   ut... ssssssss...   man   sprang   upp   från
panic   broke   out   ssssssss   one   jumped   up   from
(they)

borden... sssssss...   man   ropade   om   varandra   och   över
the tables   sssssss   one   called   about   each other   and   over
(they)

alla   hördes   den   ensamma   gamla   damens   gälla   röst:
all   heard   the   lonely   old   the lady's   shrill   voice
(one)   (lady's)

"Ett djur är på mig! !! Ett djur är på mig! !!"
An animal is on me An animal is on me

Revisorn som varit med då ett fartyg var nära att
The auditor who (had) been along with when a boat was close to

förlisa, ställde sig på en stol och ropade:
go down put himself on a chair and called

"Lugn! Lugn! För ut kvinnor och barn! Ssssssss!"
Calm Calm Before (go) out the women and the children Sssssss
(First)

Konsulinnan fördes ut av kandidaten och fröken Nilsson
The Consul was led out by the candidate and miss Nilsson

skrek:
screamed

"Ni ska få se, att det är en huggorm!"
You will do see that it is an adder

55 Bromsen

"Ni ska få se, att det är den jag mötte i torsdags
You will do see that that is it I met this thursday

åtta dar! Han såg förskräcklig ut."
eight days He saw horrible out
(looked) ()

Sssssss!
Sssssss

"Häll ett ämbar vatten över henne! skrek jag själv.
Pour a bucket (of) water over her screamed I self

Det lugnar!"
It calmed
(quieted down)

Bromsen surrade och damen började nu gno runt i
The gadfly hummed and the lady began now run around in

rummet. Alla vek undan för henne. Högt ropade hon:
the room All parted away from her Loud screamed she
(flinched)

"Jag känner honom! Jag känner honom!"
I feel him I feel him

Plötsligt	stannade	hon	och	stod	alldeles	stilla.	Bromsen
Suddenly	stayed (stopped)	she	and	stood	totally	still	The gadfly

surrade	icke	längre.	Ögonen	fick	ett	undrande,	frågande
hummed	no	longer	The eyes	got	a	wondering	asking

uttryck,	hon	drog	en	lång	djup	suck	och	så	föll	hon
expression	she	drew (let go of)	a	long	deep	sigh	and	so	fell	she

pladask	i	golvet.
flop down	in (on)	the floor

Jag	gick	ut	på	verandan.	Nedanför	låg	viken	blek	och
I	went	out	on	the veranda	Below	laid	the gulf (the bay)	hazy	and

stilla.	Jag	tände	en	cigarr	och	njöt	av	naturens	stora
still	I	lit	a	cigar	and	enjoyed	of ()	the nature's (nature's)	great

stillhet.	Då	kom	en	ensam	man	uppför	trappan	till
quietness	Then	came	a	lone	man	up on	the stairs	to

verandan.	Han	bar	en	strut	i	handen.	Det	var
the veranda	He	carried	a	cone (cone shaped container)	in	the hand	That	was

stalldrängen.	Han	stannade	mitt	framför	mig	och	sade
the stable farmhand	He	stood	right	before	me	and	said

så	högt,	att	det	hördes	genom	hela	huset:
so	loud	that	it	was heard	through	(the) whole the house (house)	

"Här har jag en ny broms, men den får herrn ge
Here have I a new gadfly but this may the gentleman give

tre kronor för, för den är dubbelt så stor som den
three kronor for because it is double so big as the

andra."
other

Jag låg i en sjöbod den natten och på morgonen for
I lay in a sea shed that the night and on the morning traveled
(night) (in)

jag till stan. Drängen stod på bryggan, då båten lade
I to the city The farmhand stood on the pier when the ship laid
(put)

ut, och skrek:
out and called

"Ska vi säja två och femti? Sista pris! Med låda till!
Will we say two and fifty Last price With carton thereto
(included)

Ett för allt! De är gott pris!"
One for all That is good price

Då skådespelaren slutat sin berättelse och sjunkit ned i
Then the actor stopped his story and fell down in
(When)

stolen, säger någon:
the chair says somebody

"Hur　gick　det　med　den　gamla　damen?"
How　went　it　with　the　old　the lady
(lady)

"Jag　tror",　säger　berättaren,　"att　hon　dog...　av　skam."
I　believe　says　the writer　that　she　died　of　shame

59 Bromsen

Farbror Teodår
Uncle   Theodor

Då	jag	var	liten	var	jag	en	mycket	snäll	gosse.	Jag
When	I	was	little	was	I	a	very	mild (good)	boy	I

var	därför	mycket	hatad	och	föraktad	av	mina
was	therefore	very	hated	and	despised	of (by)	my

jämnåriga	kamrater,	vilkas	goda	föräldrar	aldrig	tröttnade
of same age	comrades (friends)	whose	good	parents	never	got tired

att	säga:
to	say

"Se	så	snäll	den	gossen	är!	Så	skulle	ni	också
See	how	mild (good)	that	the boy (boy)	is	So	should	you	also

försöka	vara,	så	fick	vi	föräldrar	litet	glädje	av	er!"
try	to be	so (that)	get	we	parents	(a) little	happiness	of	you

Jag	var	ett	verkligt	dygdemönster	ända	tills	jag	blev
I	was	a	true	virtue standard	right to	until	I	became (was)

tretton	år.	Då	inträffade	en	vändpunkt	i	mitt	liv.
thirteen	year	Then	occurred	a	turning point	in	my	life

Vändpunkten låg på den lilla vackra Mariagatan på
The turning point lay on the small beautiful the Maria street on
(Maria street) (in)

Söder (av Södermalm, en stadsdel i Sveriges huvudstad
(the) South from Södermalm a district in (the) Swedish capital

Stockholm) .
Stockholm

Där mötte mig en dag på trottoaren en pojke som
There met me one day on the sidewalk a boy who

jag aldrig sett, varken förr eller senare. Han kom rakt
I never (had) seen neither before or later He came straight

fram till mig, stannade, såg mig i ansiktet och sade:
forward to me stood saw me in the face and said
(still)

"Det är ju du som är en ängel!"
That is of course you who is an angel

Därpå tog han mig i kragen med bägge händerna
Thereupon took he me in the collar with both the hands
(hands)

och gav mig en dansk skalle så att näsan sprang i
and gave me a Danish skull so that the nose ran in
(head bash)

blod och blev sned, vilket den varit allt sedan.
blood and became lopsided which it (has) been all since
(then)

Jag	förstod	nu	att	det	icke	passade	sig	för	en	pojke
I	understood	now	that	it	not	fitted	itself	for	a	boy

att	vara	ett	dygdemönster	och	dagen	därpå	startade
to	be	a	virtue standard	and	the day	next	started

jag	händelsen	med	*ringledningen*	och	*Farbror*	*Teodår*	.
I	the event	with	*the bell circuit*	*and*	*Uncle*	*Theodor*	

Farbror	Teodår	var	portvakt	i	ett	hus	som	vi
Uncle	Theodor	was	doorkeeper	in	a	house	which	we

passerade	då	vi	gick	hem	från	skolan.	Porten	till
passed	when	we	went	home	from	the school (school)	The gate	to

Farbror	Teodårs	hus	öppnades	sedan	man	tryckt	på	en
uncle	Theodor's	house	was opened	after	one	pressed	on	an

elektrisk	ringknapp.	Farbror	Teodår	hörde	ringningen	och
electrical	ringing button	Uncle	Theodor	heard	the ringing	and

så	öppnade	han	porten.	Mina	kamrater	brukade	ringa
then	opened	he	the gate	My	friends	used to	ring

och	fort	springa	om	hörnet	av	huset.
and	quickly	to run	around	the corner	of	the house

När portvakten kom ut för att se efter vad ringningen
When the doorkeeper came out for to see after what the ringing

betydde skrek de alla på en gång:
meant yelled they all at a time

"Farbror Teodår!
Uncle Theodor

Gott nytt år!
Good new year

Ont i dina tår!"
Evil in your toes

Detta skämt hade aldrig tilltalat mig, ty portvakten var
This joke had never addressed me there the doorkeeper was
                              (appealed to)

en äldre man och jag var lärd att respektera
an older man and I was taught to respect

ålderdomen. Dessutom tyckte jag att det var olämpligt
the old age Moreover thought I that it was inappropriate

att önska gott nytt år i september eller fram på
to wish good new year in September or from on

vårsidan.
the spring side

Men	dagen	efter	den	danska	skallen	på	Mariagatan
But	the day	after	the	Danish	the skull (head bash)	on	the Maria gate

hade	jag	en	annan	mening.	Då	pojkarna	skulle	trycka
had	I	an	other	opinion	When	the boys	wanted	to press

på	knappen	sade	jag:
on	the button	said	I

"Jag	vet	ett	sätt	som	är	bättre!	Pass	på	ska	ni	få
I	know	a	move	that	is	better	Pass (Step)	on (aside)	shall	you	may

se!"
see

Och	så	tog	jag	upp	ur	fickan	en	kork,	tryckte	fast
And	so	took	I	up	from	the pocket	a	cork	pressed	hard

den	mot	ringknappen	så	att	ringningen	blev	permanent
it	against	the button	so	that	the ringing	became	permanent

och	så	sprang	jag.	Farbror	Teodår	kom	utrusande,	fann
and	then	ran	I	Uncle	Theodor	came	rushing out	found

gatan	tom,	svor	och	förbannade	och	drog	sig	slutligen
the street	empty	swore	and	cursed	and	drew	himself	finally

tillbaka	till	sitt	lilla	rum.
back	to	his	little	room

Men, då han kom in, ringde klockan igen (den ringde
But when he came in, rang the bell again it rang

i ett sträck men det förstod inte Teodår) och så bar
in a stretch but that understood not Theodor and so carried

det av ut på gatan   igen. Ingen där! Nya eder och
it off out on the street again No one there New oaths and

förbannelser över rackarlymlarna   och så småningom
curses   over the scoundrels   and so gradual

återtåg till portvaktsrummet.   Där   ringde klockan allt
return to   the doorkeeper room   There rang   the bell all

fortfarande! Ut på gatan   igen! Så höll vi Teodår
still   Out on the street again So kept we Theodor

löpande   en dryg halvtimme tills han slutligen upptäckte
continuously a good half-hour until he finally detected

tricket   med korken.   Dagen   därpå   sökte han fånga   oss
the trick with the cork The day subsequently tried he to catch us

med list.   Han stod gömd   i porten   och sprang ut då
with cunning He stood hidden in the gate and ran   out when

vi kommit förbi. Jag var sist. Och jag sprang som
we came   past I   was last   And I   ran   as

för livet.
for the life

Jag var ovan vid pojkstreck, jag hörde den gamle
I was unused with boy pranks I heard the old
(to)

mannens skrik bakom mig och jag kände hur hjärtat
the man's screams behind me and I felt how the heart
(man's)

bultade och slog i bröstet. Han kom mig allt närmare.
hammered and beat in the breast He came me all closer

Han skrek:
He screamed

"Tag fast! Tag fast!"
Take fast Take fast

Men då kom en möjlighet till räddning. En port stod
But then came a possibility to rescue A gate stood

öppen: jag sprang in och upp för trapporna. Jag
open I ran in and up for the stairs I

sprang fortare i trappor än Teodår. Jag sprang en
ran faster in stairs than Theodor I ran a

trappa, två, tre, fyra och väl där ringde jag på
stair two three four and well there rang I on

närmaste dörr. En jungfru öppnade.
nearest door A young lady opened

Jag	gled	in	i	tamburen.	Det	var	en	hygglig	familj	jag
I	slid	in	into	the vestibule	It	was	a	decent	family	I

råkat	in	i.
arrived	into	in

Man	satt	till	bords	i	matsalen	och	åt	middag.	Jungfrun
One	sat	at	table	in	the dining room	and	ate	dinner	The young lady

steg	in	och	sade:
stepped	in	and	said

"Det	är	en	pojke	därute	som	vill	vara	här.	Han
There	is	a	boy	out there	who	wants to	be (stay)	here	He

säger,	att	han	är	förföljd	av	en	galning,	som	rusar
says	that	he	is	persecuted	of (by)	a	madman	who	dashes

efter	honom	på	gatorna!"
after	him	on	the streets

Hela	familjen	reste	sig	från	bordet	och	kom	ut	till
The whole	the family	rose	itself	from	the table	and	came	out	to

mig.	Jag	satt	på	galoschhyllan	och	tiggde	och	bad:
me	I	sat	on	the shoe shelf	and	begged	and	asked

"Snälla,   goda   människor,   låt   mig   stanna   här   en   liten
Nice   good   people   let   me   stay   here   a   little

stund,   så   att   han   inte   får   tag   i   mig.   Han   är   alldeles
while   so   that   he   not   gets   hold   in   me   He   is   absolutely
                                                         (of)

galen!"
crazy

"Lugna   dig   min   lilla   gosse,   sade   familjefadern,   här
Calm   yourself   my   little   boy   said   the family father   here

kommer   ingen   att   göra   dig   något   ont,   det   lovar   jag!"
comes   no one   that   does   you   any   harm   that   assure   I

Och   så   tog   man   mig   in   i   våningen   och   gav   mig   ett
And   so   took   one   me   in   into the apartment and   gave   me   an
                     (they)

äpple   och   en   kaka   och   i   detsamma   ringde   det   på
apple   and   a   cookie   and   in   that same   rang   it   at
                                           (moment)

dörren!
the door

"Det   är   han,   det   är   han,   snälla,   ädla   herrskapet,   släpp
That   is   him   that   is   him   nice   noble   the gentleman   let
                                                               (gentleman)

inte   in   honom!   Han   dödar   mig!"
not   in   him   He   puts to death   me

Jungfrun	gick	och	öppnade	och	jag	hörde	Farbror
The young lady	went	and	opened	and	I	heard	Uncle

Teodår	skrika:
Theodor	scream

"Är	han	här	den	lymmeln?	! Jag	måste	ha	tag	i
Is	he	here	the	the rascal (rascal)	I	must	have	take	in

honom	om	jag	också	ska	stupa	där	jag	står.	Undan
him	(even) if	I	also	shall	fall	where	I	stand	Away

där!	Han	måste	vara	här!"
there	He	must	be	here

Då	steg	familjefadern	fram.	Han	var	en	stor,	stark
Then	rose	the family father	up	He	was	a	big	strong

karl.	Han	tog	Teodår	i	kragen	och	kastade	ikull
man	He	took	Theodor	in	the collar	and	threw	spreading

honom	på	golvet	i	tamburen	i det	han	ropade	till
him	on	the floor	in	the vestibule	in that (while)	he	called	to

familjen:
the family

"Spring	ned	på	gatan	efter	en	polis!	Den	här	tosingen
Run	down	on (to)	the street	after (for)	a	police	This	here	goon

måste	spärras	in!"
must	be locked	in (up)

Då gled jag stilla in i våningen genom alla rummen
Then slid I quietly in into the apartment through all the rooms

ut i köket och ned köksvägen.
out in the kitchen and down the kitchen way

Sedan ringde vi inte vidare på Farbror Teodårs port.
After rang we not further on uncle Theodor's gate

Man bör inte utmana ödet och en pojkes fantasi får
One should not challenge the fate and a boy's imagination may
                    (fate)

icke arbeta för ensidigt.
not work too onesided

Stockholmspojken får leka på en gård bredvid
The Stockholm's boy makes play on a yard besides

soptunnorna eller på en kyrkogård mellan gravarna, men
the dustbins or on a churchyard between the graves but

tro icke därför att hans liv är dystrare och tyngre än
believe not therefore that his life is gloomier and heavier than

lantpojkens vid hagen, bäcken och den gröna ängen.
the country boy's at the pasture the brook and the green the meadow
                                                            (meadow)

Hur | många | äventyr | gömmer | icke | en | port, | en | vind, | en
How | many | adventures | hide | | not | a | gate | an | attic | a

genomgång | eller | en | källare! | Vilka | strider | har | icke
alley | or | a | cellar | Which | fights | have | not

utkämpats | på | Maria | kyrkogård | och | gatorna | däromkring!
been fought | on | Maria | cemetery | and | the streets | there around

Hur | många | päron | snattades | icke | på | gården | till | slottet
How | many | pears | were pilfered | not | on | the orchard | to (of) | the palace

vid | S:t | Paulsgatan | -- | de | härligaste | franska | päron, | stora
at | St. | Paul's gate | | the | most glorious | French | pears | big

som | barnhuvuden, | skulle | inte | kunna | få | mig | att | glömma
as | the child heads (child heads) | would | not | be able | to make me | | to | forget

min | barndoms | stulna | sura | kart, | dolda | i | en | trasig | ficka
my | childhood's | stolen | bitter | (unripe) fruit | concealed | in | a | torn | pocket

och | tuggade | i | ensamheten | i | en | portgång | eller | förstuga.
and | chewed | in | the loneliness | in | a | doorway | or | vestibule

Vintern var en härlig tid! Med snö och is och
The winter was a glorious time With snow and ice and

umpning. Jag beklagar nutidens Stockholmspojkar. De få
ce sheet jumping I am sorry for now times Stockholm's boys They may
(modern)

cke jumpa, hoppa på isstyckena vid Mälarkajen, stå i
not ice sheet jump jump on the ice at Mälarquay stand in

skallt vatten till fotknölarna och se en arg
ce-cold water up to the ankles and see an enraged

poliskonstapel på kajen.
police constable on the dock

En vårdag jumpade jag vid Söder Mälarstrand.
A spring day jumped I at South Mälarstrand

Isstycket delade sig plötsligt i två stycken. När jag
The icesheet divided itself suddenly in two pieces When I

något senare hemförts av en äldre, obekant dam och
some later home taken was by an older unfamiliar lady and
(sometime)

en något mera bekant poliskonstapel delade sig även
a some more familiar constable split itself even

min faders rotting i flera stycken.
my father's stick in several pieces

Dyfverman hette han. Dyfverman. Han var bildhuggare
Dyfverman was called he Dyfverman He was sculptor

och gjorde snögrupper åt stockholmarna, stora, vackra
and did snow groups to the stockholm people big beautiful

grupper som visades mot en billig avgift för välgörande
groups that were shown against a cheap charge for well doing (charity)

ändamål. Dyfverman gjorde en vinter Barmhärtigheten.
purposes Dyfverman made a winter the Benevolence (Benevolence scene)

Den stod vid Nybroviken och föreställde en kvinna med
It stood at Nybroviken and portrayed a woman with

ett litet barn på armen. Omkring det hela var rest
a small child on the arm Around that whole was risen (whole thing)

ett plank och en afton stod jag utanför det planket.
a fence and one evening stood I outside that the fence (fence)

Det var en stjärnklar kväll, ungdomen åkte skridsko på
It was a star clear evening the youth went to skate on

Nybroviken och slädarna - ack, slädarna! - kilade utåt
Nybroviken and the sleighs alas the sleighs ran outward

Djurgården.
the Zoo

Källaren   Flaggens   fönster   lyste,   jag   tog   en   snöboll,
The cellar   Flaggens   windows   shone   I   took   a   snowball

kramade   den   hård   och   fast   och   kastade   den   över
pressed   it   hard   and   compact   and   threw   it   over

planket   till   snögruppen.   Snöbollen   träffade   Barmhärtigheten
the fence   to   the snow group   The snowball   struck   the Benevolence
                                                            (Benevolence scene)

mitt   i   planeten   så   att   huvudet   föll   av.
middle   in   the planet   so   that   the head   fell   off
              (the scene)

Min   barndomstid   hade   sina   stunder   av   spänning   och
My   childhood   had   its   times   of   excitement   and

fröjd,   men   jag   vill   ändå   icke   ha   den   tillbaka.   Där
delight   but   I   want to   nevertheless   not   have   it   back   There

fanns   så   mycket   annat.
was found   so   much   else

Dyfverman   gjorde   ett   nytt   huvud   åt   Barmhärtigheten.   Han
Dyfverman   made   a   new   head   for   the Benevolence   He
                                                            (the Benevolence scene)

var   en   god   människa.
was   a   good   man

Ada
Ada

Ada är en grön papegoja som bor i en vacker bur
Ada is a green parrot that lives in a beautiful cage

i ett litet hus vid en badort i yttre havsbandet. Det
in a small house at a bathplace in outer the port area This
(the outer) (port area)

här händer mitt i sommaren, då ön är full av
here happens in the middle of the summer when the island is full of

badgäster och sommarfolk.
bath guests and summer people

Adas ägarinna, fru Blom, har rest till staden på några
Ada's owner mrs Blom has travelled to the town for some

dagar och hon har bett sin granne, fru Lind, att se
days and she has asked her neighbour mrs Lind to see

till Ada.
to Ada

Ada sitter på sin tjocka runda pinne och bevakar allt
Ada sits on her thick round stick and monitors all

som händer i rummet i det lilla huset och även allt
that happens in the room in the small the house and also all
(house)

som händer utanför huset.
that happens outside the house

Då och då äter hon lite sallad och en bit skorpa
Then and then eats she bit salad and a bit breadcrust
(Now)   (a bit of)

som hon först doppar i den lilla vattenskålen för att
that she first dips in the small the water bowl so that
(water bowl)

den skall bli mjukare. Hennes runda ögon stirrar stelt
it will become softer Her round eyes stare astute

rätt ut från sidorna av huvudet och då och då
straight out from the sides of the head and then and then
(now)

öppnar hon sin näbb för att säga det enda ord hon
opens she her beak for to say the only words she

kan:
can

"Äda! Äda!"
Äda Äda

Hela ön känner Ada. De små flickorna trängs framför
Whole island knows Ada The small the girls queue before
(The whole)   (girls)

hennes bur, matar henne och bli så glada då hon
her cage feeding her and become so happy when she

visslar åt dem eller då hon någon gång visar dem
whistles to them or when she some time shows them

sitt största konststycke:
her biggest trick

Att sitta på översta pinnen och släppa ned en skorpa
To sit on (the) topmost stick and release down a crust

mitt i vattenskålen.
in the middle in the water bowl

Ada märker strax att hennes matmor lämnat henne.
Ada notices immediately that her food mother left her
                                   (owner)

Hon skriker, ropar och visslar en hel förmiddag.
She screams calls and whistles an entire morning

Då fönstret är öppet, hör man hennes Äda! Äda!
Since the window is open hears everyone her Äda Äda

långt ut på marken.
long out on the land

Fönstret är öppet... Ada står på burens botten på den
The window is open Ada stands on the cage's bottom on the

fina sanden och med näbben öppnar hon dörren till
fine sand and with the beak opens she the door to

buren.
the cage

Hon arbetar tyst och lugnt och slutligen lyckas hon.
She works quiet and calm and finally succeeds she

Dörren är öppen och Ada stiger ut ur buren. Ett
The door is open and Ada ascends out from the cage A

ögonblick sitter hon stilla på bordet, så lyfter hon
while sits she quietly on the table than raises she

vingarna och flyger rätt ut genom fönstret. Luften är
the wings and flies straight out through the window The air is

klar och ljus och himlen är blå. Ada känner sitt
clear and light and the sky is blue Ada feels her

hjärta klappa av frihetens stora lycka, högre och högre
heart beat of the freedom's big happiness higher and higher
(freedom's)

flyger hon och till slut når hon trädtopparna vid
flies she and at the end reaches she the tree tops at

skogsranden. Där stannar hon och där jublar hon i
the forest verge There stays she and there rejoices she in

himlens höjd sitt: Äda! Äda!
the sky's height her Äda Äda

Fru Lind berättar hur allt gick till:
Mrs Lind tells how all went to
(about)

"Jag visste inte om ett skapande grand, att jag också
I knew not about one creating grain that I also
|for one little bit]

skulle ta den där fågeln, vad har man med andras
would take that there the bird what has one with other
(bird)

människor och djur att göra, man har nog av
people and animals to do one has enough of

sig själv, säger jag, och så går jag ut ett momang
oneself said I and so go I out one moment

och när jag kommer in, är buren öppen och fågeln
and when I come in is the cage · open and the bird

borta. Inte vet jag hur det gått till, men en himla
gone Not know I how that went about but an awful

olycka är det och människan som är så fäst vid sin
accident is it and the person whom is so close with her
(to)

goja, och vad skall hon säga, när hon kommer igen
parrot and what would she say when she came back

och fågeln är borta, jag vet då inte någon levandes
and the bird is gone I know there not any living
[I haven't got the faintest idea

råd, vad jag ska ta mej till."
counsel what I will take me to
]

"Till en fågelhandlare har jag ringt men han hade
To a birdhandler have I phoned but he had

inga sådana där djur inne för närvarande och för
no such there animal in at present and for

resten är det kanske just den här de ska vara och
the rest is the chance probable this here it will be and

som hon vill ha. Riktiga fågelvänner går inte att lura,
that she wants to have True bird friends go not to cheat

dom hör på rösten, om det är en annan fågel, men
they hear by the voice that it is an other bird but

tjugo kronor har jag satt ut som belöning till den
twenty (Swedish) crowns have I set out as reward for the one

som fångar spektaklet levande och kommer hit me'n!"
that catches the spectacle alive and come here with her
(med hon)

Ada levde i de dagarna på allas läppar. Man ropade
Ada lived in those days on everyone's lips One called

efter henne i skogarna, på ängarna och ute på sjön.
after her in the forests on the meadows and up on the sea

Och överallt talade man om henne.
and everywhere spoke one about her

Ryktet om henne spreds till de andra öarna och på
The rumour about her was spread to the other the islands and on
(islands)

telefonstationen ringde det från grannsamhällena:
the telephone station called it from the neighboring societies
(they)

"Hur är det med Ada? Har ni hört något om henne?
How is that with Ada Have you heard some about her

Är det någon som sett henne idag?"
Is there some that have seen her today

På söndagen predikade prosten själv i kyrkan och där
On the Sunday preached priest himself in the church and there

var mycket folk. Det var en varm dag och ett av
were a lot of folk That was a hot day and a of

fönstren i koret stod öppet. Församlingen satt tyst och
the windows in the choir stood open The parish sat quiet and

andäktig och lyssnade till den gamle herdens allvarliga
attentive and listened to the old the shepherd's serious
(shepherd's)

ord, fyllda av bekymmer över de svåra tiderna. Då
words filled with worries over the difficult the times Then
(times)

kom Ada.
came Ada

Hon kom flygande helt stilla och satte sig på
she came flying completely silent and set herself on

fönsterblecket till det öppnade fönstret. Alla såg henne
the window sill of the opened the window All saw her
(window)

och på en gång som om man dragit i ett snöre
and at one time as if one drawn in a string

reste sig hela församlingen och ropade med hög röst:
rose itself the whole parish and called with loud voice

"Ada! Ada! Ada! Den gamle prosten som stod med
Ada Ada Ada The old the priest as standing with
(priest)

ryggen vänd mot Ada förstod ingenting av alltsammans.
the spine turned to Ada understood nothing of the gathering

Han blev så gripen av församlingens underliga beteende
He became so gripped by the parish's remarkable behaviour

att han sjönk ned på sina knän och läste en bön
that he fell down on his the knees and read a prayer
(knees)

för dem som i sjönöd äro. Men Ada flög vidare. En
for them as if in distress at sea they were But Ada flew further And

dag såg man henne sitta på en gren i en tall."
one day saw one her sit on a area in a pine

Man	samlade	sig	nedanför	och	lockade	på	henne,	men
One	gathered	itself	below	and	called out	to	her	but

hon	svarade	icke.	Hon	satt	bara	stilla	och	gungade
she	replied	not	She	sat	completely	calm	and	swayed

på	grenen.
on	the branch

Då	kom	den	unge	spänstige	ingenjören.	Han	mätte
Then	comes	the	young	lithe	the engineer (engineer)	He	measured

med	blicken	avståndet	från	marken	till	Ada	och	så
with	a glance	the distance	from	the ground	to	Ada	and	so

började	han	klättra.	Han	gick	med	en	akrobats
began	he	climbing	he	went	with	an	acrobat's

färdighet	från	gren	till	gren	och	till	slut	var	han
skill	from	branch	to	branch	and	in	(the) end	was	he

framme.	Spänningen	därnere	var	oerhörd.	Skulle	Ada
in front	The excitement	down there	was	incredible	Willed	Ada

låta	fånga	sig?	Doktorn	höll	vad	med	revisorn	om	tio
let	catch	herself	The doctor	held	(a) bet	with	the auditor	for	ten

kronor	och	fru	Lind,	som	var	närvarande,	måste	bäras
(Swedish) crownand		Mrs	Lind	who	was	present	had to	be carried

avsvimmad	från	platsen.
unconscious	from	the place

Sinnesrörelsen blev henne för stark.
The mental excitement became (for) her too strong
(emotion)

Ingenjören stod nu på samma gren där Ada satt. Han
The engineer stood now on same branch where Ada sat He

sträckte lugnt ut handen och tog Ada. En suck av
stretched calmly out the hands and took Ada A sigh of

lättnad drog genom församlingen vid trädets rot. Adas
relief carried through the gathering at the tree's root Ada's

saga var slut. Hon var infångad. Ingenjören klättrade
story was ended she was caught The engineer climbed

ned med Ada i innerfickan till sin kavaj. Med märkbar
down with Ada in the inside pocket of his jacket With remarkeable

kyla undvek han mängdens hyllning. Han gick direkt
cool ignored he the crowds tribute He went direct

hem i sin stuga, öppnade spiseluckan i köket och
home in his cottage opened the stove hatch in the kitchen and

stoppade in Ada i den brinnande spisen.
stuffed in Ada in the burning the stove
(stove)

Det var en falsk Ada ingenjören fångat. Hon var av
It was a false Ada the engineer caught She was of

trä, skulpterad och vackert målad av en person som
wood sculptured and beautifully painted by a person that

bett att få vara okänd. Revisorn sitter i sin båt ute
asked that (he) may be unknown The auditor sat in his boat up

på sjön och metar abborre. Det är gott fiskeväder och
on the sea and went fishing perch It was good weather for fishing and

han drar upp den ena abborren efter den andra. En
he drew up the one perch after the other A

kutter kommer seglande. Den gör ett slag fram till
fishing boat came sailing It does a holler toward to

revisorn för att fråga om vägen in till hamnen.
the auditor for that to ask about the way in to the port

Revisorn ger vänligt besked, kuttern fortsätter, och i
The auditor gives kind reply fishing boat continues and in

detsamma kommer Ada. Hon seglar över revisorns
the same moment comes Ada She sails over the auditor's

huvud, han släpper bägge spöna, sträcker armarna rätt
head he releases both paddles stretches the arms straight

i luften och ropar:
in the air and calls

"Ada! Ada! Ada!"
Ada   Ada   Ada

Kuttern vänder genast. Man   tror   att   något   hänt   mannen
The fishing boat turns directly One   believes that something happened to the man
                                  (They) (believe)

i   båten.   Man   går   in   till honom   och   frågar: vad   är
in the boat One   goes in   to   him   and   asks   what   is
             (They) (go)

det, men   man   får   intet svar.   Revisorn   står   bara   mitt
it   but   they receive no   reply   The auditor stands only   in the middle

i   båten   bland   alla abborrarna   och   metrevarna   och   ropar
in the boat among all   the perches and   the fishing lines and   calls

sitt:
his

"Ada! Ada! Ada!"
Ada   Ada   Ada

Då   vänder kuttern   på nytt och   seglar bort   från ön,   till
Then turns   the fishing boat anew   and   sails   away   from the island   to

en   lugnare   plats.
a   calmer   place
     (more peaceful)

På	lördagskvällen	kommer	fru	Blom,	Adas	matmor.	Man
On	the Saturday evening	comes	mrs	Blom	Ada's	food mother	One
	(Saturday evening)					(owner)	

vet	att	hon	skall	komma	och	ingen	saknas	på
knows	that	she	will	come	and	no-one	is missing	on

bryggan	för	att	ta	emot	henne.	Hon	är	sig	lik.	Hon
the pier	in	order	to take	towards	her	She	is	herself	like	She
			(to meet)			[She	behaves	like	always]	

går	lugnt	i	land	bärande	sin	lilla	kappsäck.	Men	då
goes	calm	on	land	carrying	her	small	suitcase		But	when

hon	går	uppför	backen	till	villan,	händer	något.
she	goes	up	the hill	to	the village	happens	something

Ada	kommer	flygande,	och	då	hon	känner	igen	sin
Ada	comes	flying	and	then	she	recognises		her

matmor,	sjunker	hon	stilla	ned	på	hennes	huvud.	Och
food mother	descends	she	calmly	down	on	her	head	And
(owner)								

där	stannar	hon.	Fru	Blom	småler	vänligt	och	går
there	stays	she	Mrs	Blom	smiles	kind	and	goes

vägen	fram	med	högburet	huvud	och	Ada	på	hatten
the road	forward	with	high carried	head	and	Ada	on	the hat

som	en	grann	och	vacker	prydnad.
as	a	fine	and	beautiful	decoration

Badgästerna följer i en lång ström från bryggan. På
The beach guests follow in a long stream from the pier On

sin veranda sitter revisorn. Han ser fru Blom och Ada
her veranda sits the auditor he sees Mrs Blom and Ada

komma. Ett djärvt beslut mognar i hans själ. Han
come A bold decision ripened in his soul He
(grew)

reser sig, går in i villan, stannar framför sin hustru
raises himself goes in into the house stands before his wife

och säger med bestämd röst:
and says with certain voice

"Jag gör det! Jag gör det! Ingen i världen kan
I do it I do it No-one in the world can

hindra mig från att göra det!"
prevent me from that doing it

"O, Adolf, gör det inte!", säger revisorns hustru utan
O Adolf do it not says the auditor's wife without

att veta vad saken gäller. Hon endast anar att något
that knows to what the thing applies She only anticipates that something

förfärligt skall hända.
horrible will happen

Revisorn	rycker	en	filt	från	en	säng	och	går	ut.	Fru
The auditor	rips	a	cover	from	a	bed	and	goes	out	Mrs

Blom	kommer	emot	honom.	Han	smyger	sig	bakom
Blom	comes	towards	him	he	creeps	himself	behind

henne,	kastar	filten	över	huvudet	på	henne,	drar	henne
her	throws	the felt	over	the head	on	her	pulls	her

till	marken	och	ropar	triumferande:
to	the ground	and	calls	exulting

"Jag	har	henne!	Jag	har	henne!	Det	är	jag	som
I	have	her	I	have	her	That	is	I	that

fångat	henne!"
caught	her

Fru	Blom	sprattlar	i	filten,	hela	ön	hjälper	henne	att
Mrs	Blom	struggles	in	the felt	whole	island	helps	her	to
					(the whole)				

komma	loss	och	i	den	allmänna	villervallan	lyckas	Ada
come	loose	and	in	the	general	the confusion	succeeds	Ada
						(confusion)		

komma	fri	och	flyger	sin	kos.
to come	free	and	flies her course		
			(flies away)		

Hon	flyger	rätt	upp	över	hustaken	och	då	hon
She	flies	straight	up	over	the roofs	and	then	she

kommer	till	den	lilla	stugan	där	hennes	bur	står	och
comes	to	the	small	the cottage (cottage)	there	her	cage	stands	and

väntar	henne,	flyger	hon	rätt	in	genom	fönstret	och
awaits	her	flies	she	correct	in	through	the window	and

så	vidare	in	i	buren.	Hennes	hjärta	klappar	hårt	av
so	further	in	into	the cage	Her	heart	beats	hard	of

ansträngning	och	skrämsel	och	trött	sjunker	hon	ned
the effort	and	the skirmish	and	tired	sinks	she	down

på	burens	golv	i	den	fina	sanden.	Så	får	hon	se
on	the cage	floor	in	the	fine	sand	So	may	she	see

att	hon	lämnat	dörren	öppen	efter	sig	och	som	hon
that	she	left	the door	open	after	itself	and	as	she

är	en	ordentlig	fågel	stänger	hon	den	noga	och	riktigt
is	a	conscientious	bird	closes	she	it	carefully	and	correct

med	näbben	som	hon	brukar	göra,	varpå	hon	återtar
with	beak	as	she	uses (usually)	to do (does)	whereupon	she	retook

sin	gamla	kära	plats	på	den	tjocka	runda	pinnen.
her	old	beloved	place	on	the	thick	round	the stick (stick)

93   Ada

Och   där   sitter   hon.
And   there   sits   she

Adolf
Adolf

Tidigt	på	våren	flyttade	Almblads	till	landet	för	att
Early	in	the spring	moved	Almblads	to	the country	for	to

sätta	potatis	för	att	inte	svälta	ihjäl	då	vintern	kom.
set (plant)	potatoes	for	to	not	starve	to death	when	the winter	comes

Med	denna	handling	följde	Almblads	endast	det	exempel
With	this	deed	followed	Almblads	only	the	example

som	givits	av	det	övriga	svenska	folket.	Almblad	var
as	been given	of	the	other	Swedish	the people (people)	Almblad	was

ett	av	offren	för	den	våren	1917	grasserande
one	of	the victims	of	that	the spring's (spring's)	1917	rampant

potatisepidemien.
the potato epidemy
(potato epidemy)

Almblad	grävde	i	jorden.	Svetten	rann	av	honom,	ty
Almblad	dug	in	the land	The sweat	ran	of	him	while

det	var	en	varm	vår.	Fru	Almblad	kom	då	och	då
it	was	a	hot	spring	Mrs	Almblad	comes	then	and	then (now)

ut	på	marken	med	ett	glas	och	en	pilsner	samt	ett
out	on	the land	with	a	glass	and	a	beer	together with	some

uppmuntrande	ord.
encouraging	words

96 Adolf

"Tänk,   så   duktig   du   är!   Tänk,   så   bra   att   vi   få
Think   how smart   you are   Think   how good that we   get

potatis   till   vintern!"
potatoes for   the winter

Almblad   drack   pilsnern   och   fortsatte   sitt   arbete.   Ryggen
Almblad   drank   the beer   and   continued   his   work   The spine

värkte   om   nätterna   så   att   han   måste   sitta   uppe.
ached   about   the nights   so   that   he   must   sit   up
         (in)   (had to)

Men   han   satt   vanligen   med   goda   kort   och   det
But   he   sat   usually   with   good   cards   and   that

lindrade   värken.
alleviated the aching

Frampå   morgonen   föll   han   i   sömn   och   såg   potatisland.
By   the morning   fell   he   asleep   and   saw   potato land

Härligt   stora   potatisland   med   potatis   stor   och   fin   som
Glorious   big   potato land   with   potatoes   big   and   delicate   as

astrakaner.
astrakaner
(species of large apples)

Då	Almblads	potatisland	var	färdigt,	satt	han	en	kväll
When	Almblad's	potato field	was	completed	sat	he	an	evening

på	sin	veranda	och	såg	ut	på	den	luckrade	jorden,
on	his	veranda	and	looked	out	on	the	loosened (ploughed)	the land (land)

som	han	nyss	vattnat	med	vatten	som	han	själv	burit
that	he	just	watered	with	water	that	he	self	carried

hinkvis	från	sjön.	Almblad	var	lugn	och	nöjd,	ty
bucketwise	from	the lake	Almblad	was	secure (confident)	and	pleased	while

framtiden	och	dess	potatis	var	hans.
the future	and	its	potatoes	was	his

Då	sade	fru	Almblad:
Then	said	mrs	Almblad

"Jag	har	tänkt	på	en	sak,	Gustav.	Jag	har	tänkt	på
I	have	thought	on	a	thing	Gustav	I	have	thought	on

den	i	flera	dagar	men	jag	har	inte	velat	säga	något.
it	in several (for)	days	but	I	have	not	wanted to	say	anything

Jag	har	tänkt	på	en	gris."
I	have	thought	on (of)	a	pig

"Vilken   gris?"   sade   Almblad,   som   var   trött.
Which   pig   said   Almblad   who   was   tired

"Ingen   särskild   gris.   Bara   en   gris   i   allmänhet.   Jag
No   specific   pig   Just   a   pig   in   general   I

menar,   att   vi,   när   vi   nu   ha   potatis   för   vintern   också
mean   that   we   when   we   now   have   potatoes   for   the winter   also

gärna   kunde   ha   en   gris.   Tänk,   en   gris   till   jul.
gladly   could   have   a   pig   Think   a   pig   for   Christmas

Julskinka   som   man   kanske   inte   kan   få   köpa   i   år."
Christmas ham   as   one   perhaps   not   can   may   buy   in   year
                                                                (this)

"Var   skulle   vi   ha   den?"   frågade   Almblad,   svagt
Where   shall   we   have   it   asked   Almblad   weakly
                                                              (vagely)

intresserad.
interested

"Å,   jag   har   sett   ut   en   sån   bra   plats   alldeles   bakom
O   I   have   seen   out   a   such   good   place   far out   behind
                    (sought)

vedboden.   Där   spikar   du   upp   ett   stängsel   av   några
the woodshed   There   nail   you   up   a   fence   of   some

bräder   och   så   har   man   en   stia."
boards   and   so   has   one   a   sty

"Vad ska han äta?" frågade Almblad.
What will he eat asked Almblad

"Å, alltid har man mat åt en gris. Allt som blir över
O always has one food for a pig All that becomes over
(is left over)

köket och som annars kastas bort, det får han och
the kitchen and that otherwise is thrown away that gets he and

då föder man ju honom alldeles gratis."
then feeds one of course him totally free

Dagen därpå köpte Almblad en gris. Fru Almblad hade
The day subsequently bought Almblad a pig Mrs Almblad had

valt ut just den grisen sedan en vecka tillbaka och
chosen out just that the pig since a week back and
(pig)

hon var mycket lycklig över att Gustav också tyckte
she was very happy over that Gustav also thought

om just den grisen.
about just that the pig
(pig)

Grisen var mycket ung och Almblads upptäckte snart
The pig was very young and Almblads discovered quickly

att han inte åt vad
that he not ate
som helst .

Han	skulle	ha	mjölk.	Och	han	fick	det	också.
He	should	have	milk	And	he	got	it	also

Kontrollerad	barnmjölk	för	55	öre	litern	med	Mariekäx,
Controlled	child milk	for	55	öre	the liter	with	Maria biscuits
					(Swedish cents)		

som	doppades	i	mjölken	för	att	den	lättare	skulle
which	were dipped	in	the milk	for	that	it	easier	should
								(could)

tuggas.
be chewed

Alla	öns	sommargäster	kom	och	tittade	på	grisen.	De
All	the island's	summer visitors	came	and	looked on		the pig	The
					(visited)			

unga	damerna	sade	att	det	var	något	av	det	mest
young	the ladies	said	that	it	was	one	of	the	most
	(ladies)								

förtjusande de sett.
charming   they (had) seen

De	matade	grisen	med	småbröd	och	chokladpraliner,	och
They	fed	the pig	with	small breads	and	chocolate pralines	and

de	skulle	nästan
they	would	almost

ha	kysst	honom	om	inte	en	förvänd	uppfostran	hade
have	kissed	him	if	not	a	distinguished	upbringing	had

förbjudit det.
forbidden it

Grisen döptes till Adolf. Alla tyckte att det var ett
The pig   was baptized   to   Adolf   All   thought   that   that   was   a

vackert namn och lätt att uttala.   Adolf fotograferades
beautiful   name   and   easy   to   speak out   Adolf   was photographed
(pronounce)

och hans bild fanns snart i alla villorna på ön.   Adolf
and   his   picture   was found   quickly   in   all   the villas   on   the island   Adolf

vägdes en gång i veckan.   Och han tilltog i vikt.   Han
was weighed   one   time   in   the week   And   he   took on   in   weight   He
(increased)

var tjock och fet och rund och såg lycklig ut.   Han
was   thick   and   fat   and   round   and   looked   happy   out   He
( )

var på väg att bli ett svin.
was   on   (the) way to   become   a   swine

En dag sade en vän till Almblad:
One   day   said   a   friend   to   Almblad

"Vad ska du göra med Adolf?"
What   will   you   do   with   Adolf

"Vad jag ska göra med Adolf?   Vi ska naturligtvis
What   I   will   do   with   Adolf   We   will   of course

slakta honom och ha honom till jul."
slaughter   him   and   have   him   for   Christmas

"Kan du verkligen det? Jag trodde du hade fäst dig
Can you really (do) that I believed you had attached yourself

vid honom."
to him

Almblad började tänka över detta. Slakta Adolf. Döda
Almblad began (to) think about it Slaughter Adolf Kill

Adolf. Det var som att förlora en vän. Och äta upp
Adolf That was like to lose a friend And eat up

Adolf. Allt det där som nu gick omkring och grymtade
Adolf All that there which now went about and grunted

och bökade och var så snällt och vänligt. Det var
and grubbed and was so mild and kind That was

som att äta upp en av sina närmaste. En avlägsen
as to eat up one of your nearest A distant
(as if)

släkting skulle Almblad möjligen kunna äta upp om han
relative would Almblad possibly be able to eat up if he
()

blev mycket hungrig och släktingen tillagades på ett
became very hungry and the relative belonged to a

aptitligt sätt - men äta upp Adolf, nej, det gick inte.
tasteful side but eat up Adolf no that went not
(sort) (is proper)

Almblad talade vid sin hustru. Han började försiktigt:
Almblad spoke with his wife He began carefully

"När ska vi slakta Adolf?"
When will we slaughter Adolf

Fru Almblad ryckte till och blev alldeles blek.
Mrs Almblad flinched back and became totally pale

"Det brådskar väl inte, stammade hon fram. Den stora
That is urgent well not stuttered she out The big
()
höstslakten har väl inte börjat än?"
the autumn butchering has well not begun than
autumn butchering)

Fru Almblad visste inte vad den stora höstslakten var,
Mrs Almblad knew not what the big the autumn butchering was
(autumn butchering)

men hon tyckte att invändningen gjorde sig.
but she thought that the objection did itself
(told)

På natten vaknade hon. Hon hade drömt att hon och
On the night waked she She had dreamt that she and
(In)

Gustav slaktade Adolf. Hon höll i Adolf medan Gustav
Gustav slaughtered Adolf She held in Adolf while Gustav
( )

slaktade honom. Det var förfärligt. Fru Almblad brast i
slaughtered him It was horrible Mrs Almblad burst in

gråt, en stark konvulsivisk gråt som väckte hennes man.
crying a strong with convulsions crying that aroused her husband
(tears)

"Gustav, Gustav", sade hon, under det tårarna vätte
Gustav Gustav said she while the the tears wetted
(tears)

hennes broderade nattlinne. "Vi... kan... inte... döda
her embroidered nightdress We can not kill

Adolf! Vi är inte... sådana... hårda... grymma människor,
Adolf We are not such hard cruel people

att vi kan döda... ett... osjäligt djur!"
that we can kill an innocent animal

"Nej, nej, barnet mitt! sade Gustav. Han skall få leva."
No no the child of mine said Gustav He will may live
(child)

Hösten kom och Adolf var nu rätt stor. Hans diet
The autumn comes and Adolf was now really big His diet

hade stadgat sig. Han åt till
had shown itself He ate to

och med biffstek med lök och drack även det s.k.
and with steak with onion and drank also the socalled

krisölet, men dock icke gärna. Det kunde man se på
he crisis beer but however non gladly That could one see on
'crisis beer) (by)

hans uppsyn. Sommargästerna flyttade så småningom till
his expression The summer visitors moved so gradually to

staden. Blott Almblads stannade kvar. För Adolfs skull.
the town Only Almblads stayed behind For Adolf's sake

En kväll då det var mörkt och regnet smattrade mot
One evening then it was dark and the rain clattered against
(on)

papptaket diskuterade de frågan Adolf.
the sheetroof discussed they the question Adolf
'sheetroof)

"Här finns ingen som kan ta honom, sa fru Almblad.
Here finds one no one who can take him said mrs Almblad

Och för resten törs jag inte lämna honom till
and for the rest dare I not leave him to
(with)

främmande människor. Ingen vet hur han får det."
unknown people No one knows how he may that
(experience)

"Jag stannar här", sade Almblad. "Du kan ju resa till
I   stay   here   said   Almblad   You   can   of course travel   to

stan. Men jag stannar här tills vidare. Alltid blir det
the town   But   I   stay   here   until   further   Always   becomes   there

någon råd. Affärerna kan jag sköta per telefon, värre
some   advice   The business   can   I   deal with   by   telephone   bad

är det inte. Och Adolf kan man väl inte lämna vind
is   it   not   And   Adolf   can   one   well   not   leave   wind
[cast adrift

för våg."
for   way
]

Almblad stannade. Ensam med Adolf. Gick upp tidigt
Almblad   stayed   Alone   with   Adolf   Went   up   early

om morgnarna, gav grisen mat, städade åt honom och
in   the mornings   gave   the pig   food   cleaned   around   him   and

spolade honom då och då med vatten, som värmdes
rinsed   him   then   and   then   with   water   that   was heated
(now)

något för att inte göra Adolf nervös. Ibland ringde det
a bit   for   that   not   make   Adolf   nervous   Sometimes   rang   it

på telefonen.
on   the telephone
()

Då / sålde / eller / köpte / Almblad / aktier / och / andra / papper
Then / sold / or / bought / Almblad / shares / and / other / papers

och / han / gjorde / det / klokt / och / förståndigt / så / att / det
and / he / did / that / wise / and / sensible / so / that / there

blev / en / hacka / över. / Och / på / middagen / gick / han / till
became / a / chop / over. / And / on / the noon / went / he / to
(remained) / (lot) / (left) / (at) / (noon)

båten, / hämtade / post / och / tidningar / och / bar / hem
he ship / retrieved / mail / and / newspapers / and / carried / home

matpaket. / På / eftermiddagen / satt / han / hos / Adolf / på / en
he foodpack / On / the afternoon / sat / he / by / Adolf / on / a

iten / pall / och / talade / om / dagens / händelser.
small / stool / and / spoke / about / the day's / events

"Tiderna / är / svåra, / Adolf! / Maten / är / dyr / och / veden / är
The times / are / difficult / Adolf / The food / is / costly / and / (fire)wood / is

dyr. / Men / du / ska / få / leva, / Adolf! / Ingen / ska / slakta / dej!
costly / But / you / shall / may / live / Adolf / No one / will / slaughter / you

Du / ska / få / leva. / Du / kan / vara / alldeles / lugn, / Adolf.
You / shall / may / live. / You / can / be / totally / secure / Adolf
(confident)

Alltid / blir / det / någon / råd / för / dig!"
Always / remains / there / some / advice / for / you

En	morgon	då	Almblad	kom	ut	såg	potatislandet	så
One	morning	when	Almblad	came	out	looked	the potato field	so

underligt	ut.	Plantorna	var	uppryckta	och	jorden
remarkable	out ()	The plants	were	pulled out	and	the land

uppgrävd.	Almblads	potatis	var	stulen!	Där	fanns	icke
digged up	Almblad's	potatoes	were	stolen	There	was found (remained)	not

så	mycket	som	en	rotknöl	kvar.	Tjuvarna	hade	kommit
so	much	as	a	root hump	left	The thieves	had	come

på	natten	och	tagit	alltihop	med	sig.	Allt	hopp	och
in	the night	and	taken	everything	with	themselves	All	hope	and

all	fröjd	var	borta!
all	delight	was	gone

Almblad	sprang	till	telefonen.	Han	måste	tala	vid
Almblad	ran	to	the telephone	He	must	speak	with

någon.	Han	började	veva,	men	han	stannade	tvärt.	En
someone	He	began	to turn (dial)	but	he	stood (stopped)	abruptly	A

hemsk	tanke	sprang	blixtsnabbt	upp	i	hans	hjärna:
horrible	thought	ran (came)	rapidly	up	in	his	brain

'Adolf!'	Almblad	tumlade	ut	till	svinstian.	Den	var	tom!
Adolf	Almblad	tumbled (rushed)	out	to	swine sty	It	was	empty

Adolf	var	lika	borta	som	potatisen.
Adolf	was	just as	gone	as	the potatoes

Adolf	var	stulen!	Onda	människor	hade	kommit	på
Adolf	was	stolen	Evil	people	had	come	in

natten,	bedövat	honom	för	att	han	inte	skulle	ropa	på
he night	anaesthetized	him	for	that	he	not	would	call	for

hjälp	och	fört	bort	honom.	Vart?	Vart?	! Almblad	såg
help	and	taken	away	him	Where	Where	Almblad	saw

inga	spår	åt	något	håll.
no	track (tracks)	to	any	holding

Ellerkanske...	kanske	hade	Adolf	blivit	så	skrämd	av
Or maybe	maybe	had	Adolf	become	so	afraid	of

potatistjuvarna	att	han	sprungit	sin	väg,	gett	sig	av	i
he potato thieves	that	he	run	his	way	gave (got)	himself	off	in (away)

mörka	natten	bort	från	det	kära	hemmet,	bort	från
(the) dark	the night (night)	away	from	the	loved	the home (home)	away	from

den	gode	husbonden	som	sov	sin	lugna	sömn	därinne.
the	good	the house farmer (house farmer)	who	sleeps	his	calm	sleep	in there

Almblad	sprang	runt	huset	och	upp	i	skogen	och
Almblad	ran	around	the house	and	up	in	the forest	and

ropade:
called

"Adolf!	Adolf!"
Adolf	Adolf

Men	intet	svar.	Adolf	var	borta.	Almblad	sökte	och
But	no	reply	Adolf	was	gone	Almblad	searched	and

ropade	hela	dagen	och	då	kvällen	kom,	hängde	han
called	(the) whole	the day (day)	and	when	the evening	came	hung	he

en	lykta	i	svinstian	för	att	Adolf	skulle	hitta	hem,	om
a	lamp	in	the swine sty	for (so)	that	Adolf	would	find	home	if

han	händelsevis	kom	på	den	vägen.	Men	Adolf	kom
he	happened	comes (to come)	on	the	the road (road)	But	Adolf	comes

icke.
not

Fjärdingsman	och	länsman	konstaterade	efter	en
Field man	and	county man	established	after	a

noggrann	undersökning	att	han	var	stulen	-	levande-,
careful	research	that	he	was	stolen		alive

bortförd	med	våld	av	illasinnade	rövare.
taken away	with	violence	of	bad disposed	robbers

Almblad	stängde	villan	och	flyttade	till	staden	och	i
Almblad	closed	the villa	and	moved	to	the town	and	in

affärernas	och	nöjenas	vimmel	glömde	Almblads	Adolf.
the businesses'	and	the entertainments'	bustle	forgot	(the) Almblads	Adolf

Han	var	ett	sommarminne	som	bleknade	med	höstens
He	was	a	summer memory	that	faded	with	the autumn's

storm	och	oväder.	Det	led	mot	jul,	den	härliga
storm	and	thunder	It	lead	to	Christmas	the	glorious

signade	juletiden.	Snön	föll	i	vita	flockar	över	staden
sacred	the Christmas time (Christmas time)	The snow	fell	in	white	flakes	over	the town

och	människorna,	allt	var	som	det	skulle	vara,	bara
and	the people	all	was	as	it	should	be	only

litet	dyrare.	En	sådan	dag	satt	Almblad	i	sitt
little	costlier (more dear)	One	such	day	sat	Almblad	in	his

arbetsrum	och	telefonerade	och	sålde	och	köpte	aktier
office	and	telephoned	and	sold	and	bought	shares

och	förtjänade	sitt	uppehälle,	då	dörren	plötsligt
and	earned	his	keep	when	the door	suddenly

öppnades	och	hans	hustru	kom	inrusande	direkt	från
was opened	and	his	wife	came	rushing in	directly	from

förstugan,	direkt	från	gatan.
the vestibule	direct	from	the street

I	hatt	och	kappa	sjönk	fru	Almblad	ned	i	soffan
In	hat	and	coat	fell	mrs	Almblad	down	in	the sofa

framför	sin	man	och	sade	med	upprörd,	andfådd
before	her	husband	and	said	with	agitated	breathless

stämma:
voice

"Jag har sett honom!!"
I have seen him

"Vilken", sade Almblad. "Kungen? Eller kronprinsen?"
Which said Almblad the king or the crown prince

"Nej,	Adolf!	Jag	har	sett	Adolf!	O,	Gustav,	han	låg	i
No	Adolf	I	have	seen	Adolf	O	Gustav	he	lies	in

Avéns	matvaruaffär	mitt	i	fönstret	med	bara	huvudet	på
Avéns	foodstore	(in the) middle	in the window	with	only	the head	on
		(of)						

ett	fat	och	han	hade	ett	stort	äpple	i	munnen!"
a	drum	and	he	had	a	big	apple	in	the mouth

13 Adolf

Hur	vet	du	att	det	var	han",	sade	Almblad.
How	know	you	that	it	was	him	said	Almblad

Jag	kände	igen	honom!	Han	hade	ett	litet	ärr	över
	knew	again	him	He	had	a	small	scar	over
	[recognized	]							

änstra	ögat,	han	fick	det	en	gång	då	han	stötte	sig
ft	the eye	he	got	that	one	time	when	he	bumped	himself
	(eye)									

ot	en	spik	i	vedboddörren,	jag	kände	igen	ärret.	Det
against	a	nail	in	the woodshed door	I	recognized		the scar	It

åste	vara	han!	Där	låg	han	mitt	bland	sylta,	korv
ust	be	him	There	laid	he	(in the) middle among		jams	sausages

ch	köttbullar	och	alla	människor	gick	förbi	och	ingen
and	meatballs	and	all	people	went	past	and	no one

isste	att	det	var	han,	vår	Adolf!"
ew	that	it	was	him	our	Adolf

agen	därpå	när	Almblad	gick	nedåt	staden	tog	han
he day	next	when	Almblad	went	down	the town	took	he
					(to)			

ägen	förbi	Avéns	matvaruaffär.
e road	past	Avéns	foodstore

Han stannade på trottoaren och kastade en skygg blick
He stayed   on the pavement and threw   a   shy   glance

i fönstret. Där   fanns ingen gris!
in the window There existed no   pig

'Amalia har sett i syne!'   tänkte Almblad.' Där   fanns ju
Amalia has seen things   thought Almblad   There existed of cours
             (imagined things)
ingen gris.'
no   pig

Så gick han in i affären   och frågade expediten:
So went he in into the shop and asked   the shop assistant

"Här fanns   ett grishuvud i går,   var   är det?"
Here was found a pig head   yesterday where is it

"Det är sålt", sade expediten. "Det var det sista vi
That is sold   said the shop assistant It was the last we

hade. Ett mycket vackert   grishuvud."
had   A   very   beautiful pig head

15 Adolf

Är det bekant vem som köpte det?" sade Almblad.
Is it known who that bought it said Almblad

Ja, det var grosshandlare Landegren, vi skickade hem
Yes it was wholesaler Landegren we sent home

et idag på morgonen."
det today in the morning

Har Landegren köpt Adolf?" sade Almblad.
Has Landegren bought Adolf said Almblad

Expediten smålog undrande, ty hon visste icke vem
The shop assistant smiled wondering there she knew not who

Adolf var. Landegren var en av Almblads bästa vänner.
Adolf was Landegren was one of Almblad's best friends

De umgicks ofta med varandra och då juldagen kom
They went around often with eachother and when the Christmas day comes

blev Almblads som ofta förut bjudna på middag hos
became Almblads as often before invited for dinner at
(vas)

Landegrens.
(he) Landegrens

Men   Almblads   skickade   återbud   den   här   gången,   de
But   (the) Almblads   sent   cancellations   this   here   time   they

var   tyvärr   upptagna...   man   går   inte   gärna   bort   på
were   unfortunately   taken up   one   goes   not   gladly   away   on

middag   för   att   nödgas   äta   upp   sin   allra   bästa   vän,
dinner   for   that   (one) is obliged to   eat   up   his   very   best   friend
(which)   (ones)

även   om   han   en   gång   varit   ett   svin.
even   if   he   one   time   was   a   swine

Chapmans äventyr
Chapmans   adventures

Jag är en tax. Min moder var också tax, naturligtvis.
am   a   dachshund My mother was also dachshund of course

Hon var en äkta Waldorf-Astoria och tillhörde greve
She was an authentic Waldorf Astoria and belonged to count

Lewenhaupt. Min fader känner jag mera flyktigt. Han
Lewenhaupt My father know I more fleeting He

umgicks endast tillfälligt i huset. Min mormoder tillhörde
socialized only temporary in the house My mother's mother belonged to
(grandmother)

Hennes Majestät Drottningen av Danmark. Hon bet får
her Majesty the Queen of Denmark She bit cattle

(min mormoder) och blev skjuten. Men hon är ändå
my grandmother and became shot But she is nevertheless

släktens stolthet. Hon hade en mängd pris från många
families' pride She had an amount (of) prizes from many

utställningar och hennes stamtavla var en av de finaste
exhibitions and her family tree was one of the most excellent

nom vår värld.
in our world

Detsamma är förhållandet med min egen, dock har den
That same / is / the situation / with / my / own / however / has / it
(family tree)

tyvärr kommit bort. En ung målare, som fick den med
unfortunately / come / away / A / young / painter / that / took / it / with
(been) (lost) (the family tree)

sig, tecknade för femton kronor en eldsvåda, som han
himself / drew / for / fifteen / Swedish krona a / fire / that / he

aldrig sett, för en daglig tidning, på baksidan av
never / saw / for / a / daily / newspaper / on / the back / of

densamma. Därigenom är mitt ursprung en smula
the same / Because of that / is / my / origin / a / bit
(family tree document) (are) (origins)

dunkel. Jag har också mest uppehållit mig hos
dim / I / have / also / most / upheld / myself / at
(of the time) (resided) (with)

fördomsfria människor, som icke bryr sig om förfäders
freedomloving / people / that / not / care / themselves / for / ancestors'
( )

ära.
honours

Och sådant kan ju vara rätt. En engelsk författare,
And / such / can / of course / be / ok / An / English / author

som min vän målaren ofta citerade, säger att det är
that / my / friend / the painter / often / quoted / says / that / it / is

bättre att stiga uppåt från dåliga förfäder än att
better / to / rise / up / from / poor / ancestors / than / to

sjunka nedåt från goda.
fall / down / from / good

Det	där	passar	ju	bland	människorna,	men	icke	bland
That	there	fits	of course	among	the people	but	not	among

oss.	Antingen	är	man	en	äkta	tax	eller	också	är
us	Either	is	one	an	authentic	dachshund	or	also	is

man	det	inte.	Det	går	inte	att	ändra	den	saken.
one	that	not	That	goes	not	to	change	the	thing
				(is possible)					

Och	en	kännare	ser	genast	vad	han	har	framför	sig.
And	an	expert	sees	most directly	what	he	has	before	himself

Visserligen	säger	man	att	benen	på	en	äkta	tax	ska
Admittedly	says	one	that	the legs	on	an	authentic	dachshund	should

se	ut	som	om	de	vore	sönderslagna	och	åter	hopsatta
look like		as	if	they	were	broken	and	later	put together

mörkret.	Annars	är	han	inte	äkta.	Men	det	är	just
the dark	Otherwise	is	he	not	authentic	But	it	are	just

de	oäkta	taxarna	som	ser	ut	på	det	sättet.	På	vår
he	false	dachshunds	that	look		on	that	way	On	our
						()				

börd	lurar	man	sig	inte	så	lätt,	om	man	förstår
birth	cheats	one	himself	not	so	light	about	one	understands
						(easily)			

något	litet	av	aristokrati	här	i	världen.	Men	hur	är
a little	bit	of	aristocracy	here	in	the world	But	how	is

det	bland	människorna?
t	among	the people

Jag träffade en gång på en jakt en baron, som vid
I struck one time on a hunt a baron that at

middagen uppförde sig som en oäkta baron. Nå, det
the dinner behaved himself like a false baron Well it

är ju möjligt att han också var det. Men det kunde
is of course possible that he also was that But that could

då ingen se på hans ben. Människorna är sig rätt
there nobody see by his legs The people are themselves quite

lika. Det är egentligen bara lukten som skiljer dem åt.
equal There is actually only the smell to separate them by

Men den känner de icke själva. De tror allesammans
But that know they not themselves They believe all

om sig själva att de luktar gott, då det i själva
about themselves that they smell good while that in real

verket är något helt annat. Då vi hundar kommer bort
truth is someone wholly different Then we dogs coming away

från våra husbönder, på någon gata, eller i någon
from our house owners on some street or in some

park, så finner vi dem genom (deras) lukt, inte genom
park so find we them through their smell not through

vår egen, som människorna är nog fåfänga att tro.
our own as the people are enough vain to believe

23 Chapmans äventyr

Och   vi   hjälper   varandra.   Om   vi   möter   en   hund,   frågar
nd   we   help   each other   If   we   meet   a   dog   ask

vi:
we

Lukt   av   dålig   tvål,   andra   klassens   bastu,   skosmörja,
Smell of   cheap   soap   other   class's   bathroom   shoe polish

biff   med   lök   i   närheten?"
eef   with   onion   in   the vicinity

Det   händer   att   vi   får   till   svar: "Rakt   fram,   talar   med
It   happens   that   we   make   as   reply   Straight   ahead   speaks   with

person   som   stinker   vitkål   och   fyra   dar   använda
erson   that   stinks   (of) cabbage   and   four   days   used
                                                                 (old)

strumpor.   "
ocks

Tack!   "
Thanks

Och   då   finner   vi   lätt   vår   husbonde.   En   hund   har
nd   then   find   we   easily   our   owner   A   dog   has

mycket   att   lära   av   denna   världen.
lot   to   learn   from   this   (the) world

Men han lär mycket fortare än en människa, ty han
But he learns much faster than a human because he

är ju mycket intelligentare.
is of course a lot more intelligent

Ett barn av en människa är knappast färdig att börja
The child of a human is hardly completed at beginning

livet då en tax är klar att dö.
life while a dachshund is ready to die

Vi lever fortare och starkare. Och vi taxar, som är
We live faster and stronger. And we dachshunds who are

av den allra äldsta hundrasen på jorden, man har
of the very oldest race of dogs on the land one has

funnit avbildningar av oss på pyramiderna, vi är mycket
found pictures of us on the pyramids we are a lot

klokare men också mera tillbakadragna och förnämt
more wise but also more reserved and dignifiedly

resignerade än människorna. Livet är inte att leka med.
resigned than humans (The) Life is not to play with

dag	en	skorpa	och	i morgon	en	bit	hundbröd,	den
Today	a	crust (of bread)	and	tomorrow	a	bit	dogbread (dogfood)	the

Mest	djävulska	uppfinning	en	människas	hjärna	hittat	på.
most	devilish	invention	a	human's	brain	found out	(up)on (came)

Det	innehåller	all	näring	en	hund	behöver,	säger
It	contains	all	nourishment	a	dog	needs	says

handelsmannen,	som	säljer	det.
the trade man	while	selling	it

Ni	behöver	inte	ge	honom	något	annat.
You	need	not	give	him	anything	else

Jag	har	ätit	hundbröd	sex	månader	av	mitt	liv,	jag
have	eaten	dogbread	six	months	of	my	life	I

var	hos	en	person	som	trodde	att	han	var	jägare,
was	with	a	person	that	believed	that	he	was	hunter

och	då	jag	nu	om	nätterna	tjuter	i	sömnen,	så	är
and	when	I	now	in	the nights	shriek	in	the sleep	so	is

det	för	att	jag	drömmer	om	den	avskyvärda
that	for	that	I	dream	about	the	detestable

bleckskålen	med	de	vita	tegelstensbitarna	simmande	i
iron tray	with	the	white	brick pieces	swimming (floating)	in

vattnet.
the water

Hundbröd! Ge en människa samma föda dag ut och
Dogsbread Give a human (the) same food day out and
(dogfood)

dag in! Samma hårda brödbitar, omöjliga att tugga och
day in Same hard pieces of bread impossible to bite and

hennes mage och inälvor ska snart trasas sönder. Men
her abdomen and intestines shall shortly become torn asunder But
(apart)

vi är starka. Vi hålla. Åtminstone elva, tolv år.
we are strong We hold At least eleven twelve years

Jag är elva år nu. Elva år för en hund och
I am eleven years now Eleven years for a dog and

sjutiosju för en människa. Jag är en gammal hund.
seventyseven for a human I am an old dog

Jag har också blivit litet fetare i kroppen och på
I have also become (a) little fatter in the body and on

hösten får jag lätt reumatism i bakbenen. Och jag
the autumn get I easily reumatism in the hind legs And I

springer inte längre efter ekorrar. Åtminstone inte så
run no longer after squirrels At least not that

långt. De har också den förbaskade fördelen att de
long It has also its darned advantages that they

kan klättra i träd.
can climb in trees

Jag	minns	min	mor	och	jag	minns	min	allra	första
remember	my		mother	and	I	remember	my	very	first

barndom.	Vi	var	sex	syskon,	tre	pojkar	och	tre	flickor.
childhood	We	were	six	brothers and sister	three	boys	and	three	girls

Vi	föddes	på	en	egendom	ute	i	skärgården	och	det
We	were given birth to	on	a	property	up	in	the archipelago	and	that

var	stor	uppståndelse	då	vi	kom	till	världen.
was	(a) big	uproar	when	we	came	into	the world

Barnen	lekte	med	oss.	Man	lyfte	oss	upp	ur	korgen
The children	played	with	us	One	lifted	us	up	from	the basket

och	bar	oss	bort	från	vår	moder.
and	carried	us	away	from	our	mother

Man	gömde	oss	för	att	lura	och	skrämma	henne,
They	hid	us	for	that	to cheat	and	tease	her

men	hon	sökte	rätt	på	oss	och	bar	oss	i	sin	mun
but	she	searched	well	for	us	and	carried	us	in	her	mouth

tillbaka	till	den	runda	korgen,	där	vi	bodde.
back	to	the	round	basket	where	we	lived

Jag	minns	min	mor.	Hon	var	brun	till färgen,	stor
I	remember	my	mother	She	was	brown	coloured	big

och	vacker,	med	lång	nos	och	ett	par	underbart
and	beautiful	with	long	snout	and	a	pair	(of) wonderful

blanka	ögon.	Jag	tror	att	jag	var	hennes	älsklingsbarn.
white	eyes	I	believes	that	I	was	her	favourite child

Då	jag	varit	borta	från	henne	ett	helt	år,	möttes	vi
When	I	had been	away	from	her	an	entire	year	met	we

en	gång	på	landsvägen.	Hon	kände	igen	mig.
a	time	on	the country road	She	recognised		me

Jag	stod	alldeles	stilla	mitt	på	vägen	och	hon	kom
I	stood	totally	still	(in the) middle on (of)		the road	and	she	comes

rusande,	knuffade	omkull	mig,	tjöt	av	glädje	och	ville
dashing	pushed	down	me	shrieking	of	happiness	and	wanted

inte	skiljas	från	mig.
not	part	from	me

Min	far	känner	jag	inte	igen.	Inte	ens	på	lukten.
My	father	know	I	not	again (känner igen; recognize)	Not	even	by	smell

Men   två   bröder   känner   jag.   Den   ena   är   så   lik   mig
But   two   brothers know   I   The   one   is   so   like   me

att   man   ofta   tar   fel   på   oss.
that   one   often   takes wrong   on   us
                        (mistakes)

Han   är   en   stor   humorist,   trots   att   han   bor   på   landet.
He   is   a   big   humorist   despite   that   he   lives   on   the country

Han   sade   mig   en   gång   att   om   jag   inte   hade   min
He   said   me   a   time   that   if   I   not   had   my

stadsodör   av   rännsten   och   bakgård   så   skulle   han   trott
city smell   of   gutter   and   backyard   so   would   he   believe

att   han   sprang   runt   sig   själv   då   vi   möttes: så   lika
that   he   ran   around   himself   when   we   met   so   similar

är   vi.   Han   heter   Överman.
are   we   He   is called   Överman

Den   andra   brodern   är   större   och   starkare.
The   other   brother   is   bigger   and   stronger

Han   heter   Jerrman   och   bor   hos   en   fiskare   i   allra
He   is called   Jerrman   and   lives   at   a   fisherman   on   (the) very
                                                (with)

yttersta   skären.
outermost   (the) islet

Jag   kom   dit   en   gång   med   en   motorbåt,   och   då   jag
I   came   there   a   time   with   a   motorboat   and   when   I

gick   i   land,   mötte   han   mig   på   bron.   Vi   kände   strax
went   in   land   met   he   me   on   the bridge We   recognised suddenly
       (on)

igen   varandra.   Jag   följde   honom   upp   till   stugan,   men
again   each other   I   followed him   up   to   the cottage   but

han   var   mycket   rädd   att   jag   skulle   äta   upp   hans
he   was   very   afraid   that   I   would   eat   up   his

mat   för   honom.   Han   behövde   inte   ha   varit   rädd   --
food   for   him   He   needed   not   have   been   afraid

det   var   rå   strömming   och   några   kalla   potatisar.
it   was   raw   (Baltic) herring   and   some   cold   potatoes

Då   jag   var   sex   månader   kom   jag   till   en   ung   målare.
When   I   was   six   months   came   I   to   a   young   painter
                            (old)

Han   fick   mig   av   min   första   husbonde.   Jag   minns   att
He   took   me   of   my   first   owner   I   remember   that

målaren,   som   var   ensam,   blev   mycket   glad   då   han
the painter   who   was   lonely   became   very   fond   that   he

fick   mig.   Han   bodde   i   en   liten   stuga   vid   havet   och
took   me   He   lived   in   a   small   cottage   at   the sea   and

han   gjorde   verkligen   allt   för   att   roa   mig.
he   did   truly   everything   so   to   amuse   me

Men han var fattig. De flesta unga konstnärer är
But he was poor The most young artists are

attiga utom de som gift sig väl eller få sälja sina
poor except those that give themselves well or get to sell their

avlor, men de är vanligen inga konstnärer. Detta sade
paintings but they are usually no artists This told

nig ofta min husbonde. Han är nu en berömd målare
he often my owner He is now a famous painter

och förtjänar mycket pengar på sina tavlor. Han sålde
and earns a lot of money on his paintings He sold
(with)

nig...
he

Nå, om det är det inte mycket att säga. Vi hade
Well about that is there not a lot to say We had

yttat till staden och vi hade det knappt. Det var
moved to the city and we had it hard That was

nte ofta vi åt middag och gjorde vi det, så blev
not often we ate dinner and did we that then was

det alltid så mycket och så starkt att åtminstone
always so much and so strong that at least

målaren kände det ett par dagar.
he painter knew that a few days
(felt)

Efter en sådan middag gick jag bort. Livet pinade
After one such dinner went I away The life tormented

mig. De oregelbundna vanorna, osäkerheten med födan
me The irregular habits the uncertainty with food

och en obesvarad kärlek till en varelse som jag
and an unanswered love to a being that I

sedan lärt mig hata som alla mina förfäder gjort (det
since learnt me to hate as all my ancestors did that

var en katt!) gjorde att jag blev trött på alltsammans.
was a cat made that I became tired of it all

Jag gick bort.
I went away

Det var en vacker dag på våren. Jorden i
That was a beautiful day in the spring The land in

planteringarna, där vi inte får gå, doftade frisk och
the plantings there we not may go smelled fresh and

stark, solen lyste på de torra gatorna, människorna
strong the sun shone on the dry the streets the people
(streets)

sorlade och pratade och de riktigt unga hundarna lekte
chattered and spoke and the really young dogs played

i parkerna.
in the parks

Jag kom till en sådan park. Små barn i fina vackra
came to one such park Small children in fine beautiful

kläder lekte. Spelade kula och hoppade hage.
clothing played Played hoops and jumped hedge

Jag tycker om barn. De goda fina barnen. Som
think about children The good fine the children Who
[enjoy] (children)

örstår att en svans på en hund möjligen kan ha en
understand that a tail on a dog possibly can have an

annan uppgift än att vara ett handtag att dra i. Jag
other meaning than that were a handhold to pull in I

ycker om de goda vackra barnen. Deras små händer
think about the good beautiful children Their small hands
enjoy |

kunna smeka milt och stilla. Stora gamla människor
an caress mild and calm Big old people

örstår inte den konsten. De klappa en hund som han
understand not that the art They pat a dog as if it
(art)

vore en elefant.
were an elephant

Hjärnan skakar i oss då en sådan stor människa
The brain shakes in us when one such big person

ägger sin labb på vårt huvud.
puts his paw on our head

Därför	händer	det	ibland	att	vi	biter	till	ett	tag	i
Therefore	happens	it	sometimes	that	we	bite	to	one	time	in
							()			

labben.	Och	då	säger	den	stora	människan:
the paw	And	then	says	the	big	the human
						(human)

"En	sådan	lömsk	hund!	Jag	som	bara	ville	klappa
A	such	wily	dog	I	who	only	wanted	to pat

honom!"
him

Med	barnen	är	det	något	annat.	De	är	alltid	litet
With	the children	is	it	something	else	They	are	always	a bit

rädda	för	oss	och	därför	är	de	mera	försiktiga	i
cautious	for	us	and	therefore	are	they	more	careful	in

umgänget.
the company
(company)

Jag	var	nu	i	parken.	Jag	lade	mig	på	sanden
I	was	now	in	the park	I	placed	myself	on	the concrete

framför	ett	säte	och	stekte	mig	i	solen.	Det	var	så
before	a	bench	and	warmed	me	in	the sun	That	was	so

varmt	och	skönt	och	jag	var	nära	att	falla	i	sömn.
warm	and	comfortable	and	I	was	close	to	fall	in	sleep

Men ett öga höll jag öppet. Med det följde jag en
But an eye held I open With it followed I a

Herre som gick runt planteringen. Jag kände honom.
gentleman that went around the planting I knew him
(shrubbery)

Han var en detektiv, en sådan människa som står vid
He was a detective one such person that stands in

en plantering och väntar på tre kronor. De tre
park and waits for three Swedish krona The three

kronorna är någon stackars okunnig liten hund som
krona are some wretch's ignorant small dog that

hoppar in i planteringen.
jumps into the plantings

Den usle detektiven lockar på den lille hunden, visar
The despicable detective tempts on the small the dog shows
(dog)

honom kanhända en sockerbit (aldrig ger han honom
him maybe a lump of sugar never gives he him

den) hugger tag i honom, sätter ett järnkoppel i hans
hacks hold in him sets a iron band around his
(grabs) (of) (puts)

halsband och släpar honom till polisstationen.
neck and drags him to the police station

Sedan får hundens husbonde plikta tio kronor, och då
Then may the dog's owner pay ten Swedish kronor and of that

får detektiven tre kronor. Ett sådant yrke!
makes the detective three Swedish kroner One such trade

Mitt öga följde denne man. Jag var säker för honom.
My eye followed that one I was safe for him

Jag går inte i planteringen annat än då det är
I go not in the planting other than when it is

absolut nödvändigt. Och går jag dit, så går jag inte
absolutely necessary And go I there so go I not

därifrån för en sockerbit som jag aldrig får.
from there for a lump of sugar that I never get

Så låg jag i solen och stekte mig, då jag plötsligt
So lay I in the sun and warmed me when I suddenly

kände en liten hand som klappade mitt huvud och
felt a small hand that patted my head and

hörde en vacker flickröst:
heard a beautiful girl voice

En så söt liten hund, en sådan vill jag ha!"
A such sweet small dog a such one want I have

Det blev mitt öde, för en tid. Jag följde den lilla
That became my destiny for a while I followed the small

flickan då hon gick. Och jag kom till en god familj.
girl where she went And I came to a good family

Man annonserade att man funnit mig och min vän
One advertized that one found me and my friend
(They)

målaren kom för att hämta mig. Jag blev både rädd
the painter came for to retrieve me I became both worried

och glad då jag såg honom. Den lilla flickan grät då
and happy when I saw him The small girl cried because

jag skulle gå. Och så slutade det med att målaren
I should go And so ended it with that the painter

sålde mig för femtio kronor. Han var en fattig man,
sold me for fifty Swedish kronor He was a poor one

och då han klappade mig till avsked, kände jag att
and when he patted me to farewell knew I that

han sörjde över vad som hänt.
he mourned over that what happened

Men	han	glömde	mig.	Han	känner	numera	icke	igen
But	he	forgot	me	He	knows	now	not	again

mig,	då	vi	möts.	Men	jag	känner	honom.	Vi	hundar
me	when	we	meet	But	I	know	him	We	dogs

är	sådana,	vi	glömmer	aldrig	dem	som	visat	oss
are	such	we	forget	never	them	that	showed	us

vänlighet.
kindness

Så	var	jag	i	ett	hus,	där	det	fanns	kök.	Det	var
So	was	I	in	a	house	where	there	existed	a kitchen	That	was

något	nytt.	Köket	är	det	viktigaste	rummet	i	alla	hus.
something	new	The kitchen	is	the	most important	room	in	all	the house

Där	är	varmt	och	gott	och	finns	där	en	god	jungfru,
There	is (it)	warm	and	good	and	finds	there	a	good	young lady

så	har	en	hund	det	bra.	Men	hon	bör	vara	förlovad.
so	has	a	dog	it	good	But	she	should	be	engaged

En	jungfru	med	en	fästman	är	vänligare	och	gladare
A	young lady	with	a	fiancé	is	kinder	and	happier

än	de	som	sitter	ensamma	hemma	om	söndagskvällarna.
than	they	who	sit	alone	(at) home	on	Sunday evenings

ag   har   mött   även   sådana.   Man   får   vara   mycket
have   met   also   such   One   has to   be   very

5rsiktig   i   umgänget   med   dem.   Det   händer   att   de
areful   in   the company   with   them   It   happens   that   they

astar   ett   vedträ   efter   en   om   de   kommit   upp   för
row   a   piece of firewood after one   if   they   come   up   for

ent   någon   morgon.
te   some   morning

hus   med   oförlovade   jungfrur   står   min   vattenskål   torr
house with   unengaged   young ladies stands   my   water bowl   dry

ch   tom   och   serveras   min   middag   på   mycket
nd   empty   and   (is) served   my   dinner   on   very

regelbundna   tider.   En   katt   vet   allt   sådant   och   han
regular   times   A   cat   knows   all   such   and   he

ättar   sig   därefter.   En   katt   är   inställsam   och   falsk.
ares for himself   thereafter   A   cat   is   servile   and   false

Han   stryker   sig   mot   människan,   han   spinner   och   han
e   strokes   himself against   the people   he   purrs   and   he

år   försiktigt   undan,   då   han   vet   att   det   passar   sig
oes   carefully   away   because   he   knows   that   it   fits   himself

äst.
best

Min första katt, ack, vilken besvikelse! Hon var ung
My first cat alas what disappointment She was young

och skön, det vackraste jag sett. Mjukt smög hon
and beautiful the most beautiful I saw Softly crept she

fram och vänligt lyste hennes falska ögon.
forward and kind shone her false eyes

Mitt hjärta klappade häftigt, då vi möttes första gången.
My heart beat hard as we met (the) first time

Jag viftade min svans och kom henne nära, sökande
I wagged my tail and came her near seeking

vänskap. Så göra vi alltid, vi hundar, första gången vi
friendship So do we always we dogs first time we
(act)

möter en katt. Hon klöste mig. Jag blev ändå icke
meet a cat She scratched me I became nevertheless not

ond. Jag kom igen.
angry I came again

Och hon rev sönder mitt huvud.
and she tore apart my head

Då förstod jag att hund och katt alltid måste vara
Then understood I that dog and cat always must be

Gender, att det varit så från tidernas begynnelse och
nemies that it (had) been so from the time of infancy and

alltid skall så förbliva. Och därför står jag nu också
always will so stay And therefore stand I now also

Då deras sida som kasta en stövelknekt eller tegelsten,
on their side who throw a shoehorn or brick

Helst en stor, efter varje katt de får se. Jag förstår
ny a big after every cat the may see I understand
(one)

Också dem som spottar då en katt går förbi dem,
lso they that spit when a cat goes past them

Det måste vara olycka att möta en katt, jag vet och
hat must be bad luck to meet a cat I know and

Har känt det.
have felt it

En gång bodde jag i ett hus där det fanns en
One time lived I in a house where there existed a

Svart pudel. Han var av äkta ras och hette Farao.
lack poodle He is of authentic race and was called Pharaoh

Jag tyckte inte om honom.
thought not about him

Han	var	så	bråkig	med	sin	stora	päls	och	han
He	was	so	disorderly	with	his	big	fur	and	he

fordrade	nästan	att	jag	skulle	hälsa	på	honom	först.
demanded	almost	that	I	should	greet	on (on)	him	first

Hans	namn	tilltalade	mig	inte	heller.	Jag	ogillar	bibliska
His	name	told	me	nothing	either	I	dislike	biblical

namn	på	hundar,	åtminstone	på	pudlar.
names	on	dogs	at least	on	poodles

I	denna	hunds	familj	fanns	en	katt	och	pudeln	och
In	this	dog's	family	existed	a	cat	and	the poodle	and

katten	var	goda	vänner.	De	till	och	med	sov
the cat	were	good	friends	They	to	and	fro	went

tillsammans.
together

Jag	såg	detta	med	mycket	undran	och	jag	anade	att
I	saw	this	with	great	wonder	and	I	anticipated	that

det	låg	något	fel	i	denna	anordning.	Det	visade	sig
there	laid	some	wrong	in	this	alignment	It	showed	itself

snart	att	jag	fick	rätt.
soon	that	I	got (got it)	right

Katten fick ungar, sådant förekommer rätt ofta bland
he cat got young such occurs right often among

Katter, och då kunde pudeln naturligtvis inte ligga hos
ats and then could the poodle of course not lie with

Katten. Jag hade inte gjort det ändå.
he cat I had not done it nevertheless
(would have)

Men så hände något annat. Det var på sommaren
But then happened something else It was in the summer

och då klippte man pudeln för att han inte skulle
and then cut one the poodle for that he not would
(they)

svettas, sade portvakten, som utförde proceduren. En
sweat said the doorkeeper as carried out the procedure A

hund svettas aldrig. Han kan inte sådant. Men en
og sweats never He can not such But a

portvakt är en obildad person. Alltnog, då pudeln var
doorkeeper is a uneducated person Anyhow there the poodle was

nyklippt och trodde, att han såg ut som ett lejon, det
ewly cut and believe that he looked like as a lion that

ror alla pudlar i sin inbilskhet, kom han upp till
elieve all poodles in their vanity came he up to

Katten.
he cat

Genast	då	hon	fick	se	honom	sprang	hon	upp	ur
Directly	when	she	would	see	him	ran	she	up	from

korgen	och	hoppade	rätt	upp	i	huvudet	på	pudeln	och
the basket	and	jumped	straight	up	on	the head	of	the poodle	and

klöste	honom	alldeles	fördärvad.	Hon	trodde	att	det	var
scratched	him	everywhere	to pieces	She	believed	that	it	was

en	främmande	hund,	därför	att	han	var	nyklippt!	Något
an	unknown	dog	because	that	he	was	newly cut	Something

sådant	hade	aldrig	en	hund	gjort.	En	hund	har	lukt.
as such	had	never	a	dog	done	A	dog	has	smell

Och	dessutom	intelligens,	vilket	en	katt	saknar.	Men
And	moreover	intelligence	which	a	cat	lacks	But

hunden	har	det	svårt.	Han	tillhör	samhället,	dit	han
the dog	has	it	difficult	He	belongs to	society	there	he

gått	av	egen	fri	vilja	och	där	han	blivit	människorna
goes	of	his own	free	will	and	there	he	becomes	the people
									(becomes to)

en	trogen	vän	och	tjänare,	en	väktare,	ett	sällskap,
a	faithful	friend	and	servant	a	guard	a	companion

en	jägare	och	en	dragare,	trogen	till	det	sista.
a	hunter	and	a	carrier	faithful	to	the	last
				(beast of burden)				

Vad har katten blivit? En katt och ingenting annat än
What has the cat become A cat and nothing other than

en katt. Det är inte mycket. Katten betalar ingen
cat It is not much The cat pays no

skatt, det finns inga kattlagar och då katten springer
ax there exists no cat asylums and when the cat runs

bort har polisen intet kattstall att binda fast honom i.
way has the police no cat cage to tie fast him in

Hunden tjänar samhället, som bekämpar honom.
The dog serves the society that controls him

Människorna, som ofta är rätt enkla i sina begrepp,
The people as often are correct simple in their concepts

annonserar ibland efter hundar, som sprungit bort.
advertize maybe after dogs that run away

Endast mycket unga hundar springer bort. Vi andra gå
Only a lot of young dogs run away We others go

av fri vilja bort från det hus, som behandlar oss illa.
of free will away from the house that treats us bad

Den	hemlöse	hunden,	finns	det	något	mera	klagande
The	homeless	the dog	is found	there	anything	more	plaintive
		(dog)					

och	sörjande,	något	mera	förtvivlat	än	hans	ensamma
and	grieving	anything	more	despaired	than	his	lonely

tjut	om	natten?	Han	väcker	någon.	Polisen	kommer.
shriek	in	the night	He	arouses	somebody	The police	comes

Han	tas	till	hundstallet,	till	de	andra	hemlösa,	och	så
He	is taken	to	the dog stable	to	the	other	homeless	and	so

dödar	man	honom	efter	tre	dagar.	Människans	tack	för
put to death	they	him	after	three	days	The people's	thanks	for

att	han	lämnade	vildmarken	och	gick	till	människan.
that	he	left	the wilderness	and	went	to	the people

Hur	rätt	hade	icke	den	man	som	en	gång	sade:
How	right	had	not	the	one	that	one	time	said
		(was)							

"Det	bästa	hos	människan	är	hunden."
The	best	with	the people	is	the dog

The book you're now reading contains the paper or digital paper version of the powerful e-book application from Bermuda Word. Our software integrated e-books allow you to become fluent in Swedish reading and listening, fast and easy! Go to learn-to-read-foreign-languages.com, and get the App version of this e-book!

The standalone e-reader software contains the e-book text, includes audio and integrates **spaced repetition word practice** for **optimal language learning**. Choose your font type or size and read as you would with a regular e-reader. Stay immersed with **interlinear** or **immediate mouse-over pop-up translation** and click on difficult words **to add them to your wordlist**. The software knows which words are low frequency and need more practice.

With the Bermuda Word e-book program you **memorize all words** fast and easy just by reading and listening and efficient practice!

Made in the USA
Columbia, SC
16 June 2020